기몽
억타
의주

서울 1988년 여름,
　　　　말한 것과　　말하지 않은 것

기억의 몽타주

류동민 지음

한겨레출판

이 책은 문체나 성격이 완전히 다르면서도 서로 짝을 이루는 두 개의 글로 구성된다.

1부는 1988년 여름의 서울을 배경으로 자전적 이야기를 다룬 소설 형식의 글이다. 1980년대 말 한국에서는 사회과학 출판 붐이 일었고 나는 우연한 계기로 그 한 자락을 엿보는 경험을 했다. 개인적으로는 이른바 성장소설의 대상이 될 만한 시기로 기억하고 있다. 물론 때늦은 '후일담'을 말하려는 의도는 없다. 오히려 나의 '소설적 의도'는 '철학적 목적'의 부산물이다.

2부는 1부의 텍스트를 분석함으로써 재현이라는 철학적 주제를 논하는 글이다. 그러므로 글을 쓴 의도로 보자면 1부가 2부에 종속되나 글의 형식으로는 2부가 1부에 종속되어 있다. 즉 2부의 주제는 자기 완결적 성격을 가질 수 있음에도 여기에서는 간접적이고 우회적인 방식으로만 다루어진다.

이와 같이 표준에서 벗어나는 구조는 여러 계기의 복합적이고 우연한 작용에 말미암은 것으로, 그중 두 가지만 꼽아보면 다음과 같다.

무엇보다도 내가 쓴 텍스트를 대상으로 내 의도를 밝히는 서술 방식을 취하게 되면 어떤 형태로든 일반이론을 내놓아야 한다는 부담감을 덜 수 있다. 이러한 실용적인 이점은 쓰는 이의 입장에서는 떨쳐버리기 어려운 유혹이다. 물론 2부의 마지막 부분에서 약간의 이론적 일반화를 제시하지만 그것은 어디까지나 1부의 텍스트 분석에 근거한 시론일 따름이다.

다른 하나의 계기는 나름대로 정교한 기획에 근거하고 있다. 처음부터 의도한 바는 아니지만 초고의 어느 단계에서 나는 철학적 주제를 다루는 소설, 즉 일종의 철학소설을 쓰려고 마음먹었다. 그러나 두 가지 이질적인 영역을 솜씨 좋게 하나로 버무리는 것은 내 능력 밖의 일임을 곧 깨달았다. 그래서 소설에 포함되어 있던 철학적 언술을 잘라내어 2부로 옮겼다. 그러고 나서 소설을 통해 과거를 재현하는 부분과 재현에 관해 이론적으로 분석하는 부분을 엄밀하게 분리하기로 결정했다.

어쨌거나 1부는 소설의 형식을 취하고 있기 때문에 텍스트를 읽고 해석하는 것은 쓰는 이가 아니라 읽는 이의 몫으로 남겨두어야 마땅하다. 그렇지만 책 전체를 통해 내가 다루고 싶은 것은 재현의 재현, 즉 경험적 실재를 글이나 말의 형태로 재현한 것을 다시 풀어서 설명하는 이차적 재현의 과정에 어떤 동기와 의도가 어떤 방식으로 작용하는가라는 문제이다. 이것은 정신분석학적인 주제일 수도 있고 인문학적인 주제일 수도 있으나 명색이 경제학자인 내가 궁극적으로 관심을 갖는 것은 물론 그 주제의 사회과학적 성격이다. 직접적으로 경제학 얘기를 많이 하지는 않지만 실재의 재현이라는 관점에서는 인간의 모든 학문적 활동이 공통되기 때문이다.

경험적 실재를 우리 마음속에서 재현할 때 감정적 수용은 이성적 인식 못지않게, 때로는 더욱 큰 영향력을 발휘한다. 그것이 사람이건 사물이건 간에 우리가 살아가면서 갖는 여러 대상에 대한 인식은 냉철한 분석보다는 정서적인 좋고 싫음에 좌우되는 경우가 훨씬 더 많을지도 모른다. 예를 들어 나는 개인적으로 정치적 지향이나 경제적 이해관계가 일치하는 사람과 얘기하면서도 종종 불편함을 느끼는 반면, 그저 같은 감정을 나눌 수 있다는 사실 외에는 별다른 공통점이 없는 사람과 함께할 때 오히려 편안함을 느끼곤 한다. 본질적으로 똑같은 에피소드라도 동일한 정서적 기반을 가진 사람과의 사이에서 있었던 일이라면 그렇지 않은 경우에 비해 더욱 동정적으로 또는 관대하게 해석하곤 하는 것이다. 그렇다면 나는 덜 이성적이기 때문에 또는 일관성 없는 감정의 기복에 사로잡혀 있기 때문에 실재를 있는 그대로가 아니라 왜곡된 형태로 받아들이는 것이라 단정해야 할까? 감정을 공유한다는 것, 정서적인 좋고 싫음은 헛된 거짓에 지나지 않는 것일까? 아니면 그 자체가 나름대로의 물질적 근거를 갖고 있는 것일까?

우리가 꾸는 꿈은 현실을 직접적이고 투명한 방식으로 반영하지 않는다. 마치 어떤 사회의 문화나 예술의 양식이 그 사회가 기초한 경제적 토대인 물질적 생산양식에 일대일로 대응되지 않는 것과도 같다. 동서고금을 막론하고 해몽이 하나의 산업으로 자리 잡은 것도 그 때문이다. 그렇지만 꿈은 어떤 식으로든 현실의 경험과 욕망을 재현하고 있다. 꿈이 재현이라면 꿈꾼 이가 자신의 꿈에 관해 설명하는 것은 재현의 재현, 즉 재현을 다시 한 번 풀어서 설명하는 것이다. 말하자면 이책은 1988년 서울에 관한 내 꿈(1부)과 그 꿈에 관한 꿈꾼 이, 즉 나 자신의 설명(2부)으로 구성된다. 그 꿈은 1988년의 서울을 온전히 반영하지 못하는 것과 마찬가지로 2013년 또는 다른 어떤 때의 서울 또는 다른 어떤 곳을 재현한 것일 수도 있다. 꿈에 관한 설명 또한 1988년 서울이라는 시공간적 배경에 국한되지는 않는다. 그러므로 이 책은 비록 특정 시기의 개인적인 경험을 소재로 삼고 있지만 우리가 시간을 기억하는 방식, 그 원리에 관해 생각해보려는 작은 시도이기도 하다.

내가 가지고 있는 좀 더 야심 찬 의도는 물질과 의식의 관계, 인식과 존재의 문제, 유물론과 관념론이라는 광범위하고도 전통적인 철학적 주제들을 하나로 연결지어 논의하는 것, 적어도 그러한 논의의 기초가 될 수 있는 생각을 다듬어보는 것이다. 흔히 기계적인 유물론에서는 우리의 의식 바깥에 독립적으로 존재하는 실재가 있어서 의식은 그것을 반영할 뿐이라고, 심지어 카피할 뿐이라고 이해한다. 사실 유물론이니 관념론이니 하는 거창한 철학적 담론을 끌어오지 않더라도 보통 사람들이 세상을 받아들이는 방식도 이와 비슷하다. 우리는 흔히 그 누구도 동의할 수밖에 없는, 움직일 수 없는 실체적 진실이 객관적으로 존재하며 경험을 통한 종합적 관찰이나 논리적인 분석을 통해 그것에 접근할 수 있다고 믿는다. 그렇지만 자신이 직접 겪었던 사건이나 그 과정에서 느꼈던 감정조차도 우리의 마음속에 투명하고도 객관적인 모습으로 남아 있는 것이 아니라 여러 계기들에 의해 끊임없이 재구성되고 새롭게 해석된다. 이러한 재구성과 재해석의 과정을 거치면서 당초의 물질적 실재와 의식 사이에 존재하리라 상정되었던, 능동적으로 반영하고 수동적으로 반영되는 관계는 더 이상 명징한 것이 아니라 우연과 복잡성이라는 매개물을 통해 불투명하고 왜곡된 모습을 갖게 된다. 발터 벤야민이 《아케이드 프로젝트》에서 "19세기 사물들의 세계를 다루면서 그것이 마치 19세기 사람들이 꿈꾼 사물들의 세계인 것처럼 다루려는" 기획을 품었던 까닭도 아마 이 때문일 것이다. 그렇다면 이러한 종류의 기획에서 관념론의 문제는 어떻게 극복될 수 있을까? 우발적 요인들에 의해 왜곡된, 마치 꿈과도 같은, 뒤틀리고 편집된 희미한 이미지들의 연결에 지나지 않는 것으로부터 물질적 실재의 역할을 찾아내는 것은 과연 가능할까? 이러한 것들이 내가 궁극적으로 던지고자 하는 물음들이다.

마지막으로 용어 사용에 관해 설명해두고자 한다. 소설을 흔히 '개

연성 있는 허구'라고 정의한다. 그런데 소설이 자전적 이야기에 기초
할 때는 허구와 허구가 아닌 것의 뒤섞임으로 이루어진다. 소설을 논픽
션이 아니라는 의미에서 픽션이라 한다면 픽션 안에조차 허구와 허구
가 아닌 것이 섞여 있는 셈이다. 허구가 아닌 것조차도 여러 의도와 계
기를 통해 허구와 구별되기 어려운 요소를 지니게 되며, 따라서 사실과
허구 사이에는 꽤 넓은 스펙트럼이 존재한다. 디지털화하여 표시할 수
는 없겠으나, 비유하자면 80퍼센트 허구와 20퍼센트 사실의 조합이 있
고 50퍼센트 허구와 50퍼센트 사실의 조합도 있는 셈이다. 허구는 이
야기의 큰 줄거리에 존재하지만 세부적인 에피소드나 맥락에도 존재한
다. 두 가지의 허구, 즉 큰 허구와 작은 허구가 각자의 원을 그리며 엇
갈리는 순환 운동, 그것을 하나의 픽션이라 부를 수 있다.

차 례

일러두기

해방 이후 출간된 칼 마르크스의 《Das Kapital》한글판은, 분단 이후 출간된 북한판을 제외하면
다음과 같다.
  - 전석담·최영철·허동 옮김,《자본론》, 서울출판사, 1947~1948.(제1권 전부와 제2권 절반 출간)
  - 김영민 옮김(제1권)·강신준 옮김(제2권·제3권),《자본》, 이론과실천, 1986~1988.(완역)
  - 김수행 옮김,《자본론》, 비봉출판사, 초판 1989~1990; 개역판 2001~2004.(완역)
  - 강신준 옮김,《자본》, 도서출판 길, 2008~2010.(완역)
위에서 볼 수 있듯《Das Kapital》은 국내에서 '자본'과 '자본론'이라는 두 개의 제목으로 출간되
었으나, 이 책에서는 편의상 모두《자본론》으로 표기했다.

1부

서울,
1988년
여름

그리하여
겨울이다.
자네가 바라던 대로
하늘에는 온통
먹물처럼
꿈꾼 흔적뿐이다.

_기형도, 〈우리는 그 긴 겨울의 통로를 비집고 들어갔다〉

겨울
나그네

그해 여름이 그토록 무덥고 지루했던 것은 틀림없이 나의 주관적 느낌에 지나지 않을 것이다. 고통과 함께하는 시간은 더디게 가는 법이므로.

바로 전해인 1987년은 서울대생 박종철의 고문 치사 사건으로 막이 올랐고, 전두환 대통령의 4·13 호헌 조치, 그에 맞서는 대학가의 격렬한 시위, 그 과정에서 최루탄에 맞은 연세대생 이한열의 죽음, 그리고 광장 정치와 노동자 대투쟁으로 이어졌다. 내가 학교 건물에 붙어 있던 "대통령 직선제는 미제와 파쇼 정권이 결코 받아들일 수 없는 핵심 고리"라는 대자보를 읽은 지 얼마 지나지 않아, 우리는 대통령 선거를 맞이하게 되었다. 그러나 그해는 바로 그 풀려버린 핵심 고리를 통해 허무하게도 군사 쿠데타의 주역에게 합법적인 권력을 갖다 바쳤던 치욕의 한 해이기도 했다. 내 주위의 많은 또래들은, 적어도 1988년의 시점에는 1987년을 그렇게 기억하고 있었다.

서울 올림픽이 열렸던 그해 나는 스물네 살, 서울대학교 대학원 경제학과 석사 과정의 2학년 학생이었다. 그해 봄은 대학원 사상 초유의 수업 거부로 시작되었다. 우리는 매일 아침 그리고 점심 시간에 교수들이 출근하거나 식사하러 갈 때 마주칠 수밖에 없는 건물 입구에 서서 "정치경제학 교수를 즉각 영입하라!"는 구호를 외치고 〈전진하는 오월〉이라는 노래를 불렀다. 우리는 강의를 듣는 대신 대열을 지어 학교 안을 돌면서 구호를 외쳤다. 구경하던 어느 학생이 옆에 서 있는 친구에게 물었다.

"왜 경제학과에서 정치학 교수를 뽑자는 거지?"

그만큼이나 정치경제학이라는 용어는 같은 캠퍼스에 있는 학생들에게조차 생소한 것이었다. 마르크스는 1867년에 출간된 저서 《자본론 *Das Kapital*》의 부제를 '정치경제학 비판 Kritik der Politischen Oekonomie'이라 붙였다. 정치경제학은 19세기에 경제학을 부르는 일반적인 명칭이었다. 주요 저작에 '경제학 economics'이라는 명칭이 등장하는 것은 케임브리지 대학교의 앨프리드 마셜 Alfred Marshall이 1890년에 《경제학 원리 *Principles of Economics*》라는 책을 출간하면서부터였다. 그러므로 마르크스의 부제는 오늘날의 기준으로 말하자면, 경제학 비판 또는 비판적 경제학을 의미하는 셈이다. 아마도 일본을 통해 번역어가 들어오는 과정에서 '정치경제학 비판'은 '정치경제학'으로 바뀐 듯하고, 적어도 1988년 한국 사회의 맥락에서 그것은 마르크스 경제학의 위장된 이름이기도 했다.

대학원 주임교수와의 간담회에 모여든 수십여 명의 대학원생들은 마르크스 경제학 전공자가 이렇게 많은데도 전공교수는 하나도 없는 현실을 추궁했다. 1960년대에 대학원을 다니며 레닌의 농업 이론에 관한 석사 논문을 썼으나 나중에 미국으로 유학 가서 주류 경제학을 전공하고 돌아온 주임교수는 "대부분 교수가 될 것임에 틀림없는 우수한 인재인 여러분이 주류 경제학을 충실히 배우지 않으면 강의를 제대로 할 수 없을 것을 우려한다"고 말했다. 그는 마치 테헤란 주재 미국 대사관이 습격당한 직후 항의 성명을 발표하는 미국무성 대변인만큼이나 외교적인, 그러나 단호한 말투를 구사했다. 그러자 박사 과정의 한 선배가 이스라엘군의 탱크에 맨손으로 맞서는 팔레스타인 '게릴라'와도 같은 결연한 표정으로 자신은 주류 경제학을 전공하지 않지만 현재 시간 강사로서 미시경제학과 거시경제학을 충분히 잘 강의하고 있다고 응수했다.

100명 남짓한 전업 대학원생들 중 절반에 약간 못 미치는 이들이 수업 거부 투쟁에 열심히 참여하는 편이었고, 그보다 약간 많은 학생들은 '침묵하는 다수'였다. 공교롭게도 7동 건물의 연구실을 사용하던 '투쟁하는 소수'와 달리 '침묵하는 다수'의 연구실은 14동 건물에 있었다. 우리는 '침묵하는 다수'를 '14동 애들'이라 불렀다. '14동 애들'이 '투쟁하는 소수'를 뭐라 불렀는지는 아직도 모른다. '7동 애들'이었을 수도 있지만 아예 부르는 이름이 없었을 수도 있다.

+
1867년 함부르크에서 발간된 《자본론》 초판 표지. '정치경제학 비판'이라는 부제가 붙어 있다.

일단 그 투쟁은 절반의 승리, 바꿔 말하면 절반의 실패로 끝났다. 경제학과 교수회의에서는 '경제학설사 또는 정치경제학'으로 교수 초빙 공고를 내기로 했으나 몇 달 뒤에 "해당자 없음", 즉 아무도 뽑지 않는 다는 결론이 내려졌기 때문이다.

수업 거부 투쟁 중에 나는 겨우 쉰을 갓 넘긴 아버지를 잃었다. 갑작 스러운 발병을 알게 된 지 10개월여 만의 일이었다. 학교에서는 수업을 거부하고 병원에서는 하릴없이 아버지의 죽음을 기다리는 동안 한 학기가 훌쩍 흘러갔다. 옛사람들이 "하늘이 무너진다天崩"라고 표현했던 슬픔이 찾아오기 바로 며칠 전, 서울 근교의 위성도시에 있던 아파트는 아버지에게 사업 자금을 빌려주었던 은행 수중으로 넘어갔다. 나는 당장 빚을 갚고 남은 돈으로 살 집을 구하고 학비와 생활비를 벌기 위해 무슨 일이건 해야 하는 처지가 되었다. 한국 경제사, 구체적으로 1930년 대 방직공업의 노동운동에 관해 석사 학위 논문을 준비하던 내 계획은 차질을 빚었다. 수업 거부 틈틈이 도서관의 마이크로필름 자료실에서 1930년대《동아일보》와《조선일보》를 읽으면서 경성방직이나 조선방 적의 파업 기사를 복사하고 노트에 정리하는 것이 그 학기 동안 대학원 생으로서 내가 했던 유일한 공부 비슷한 것이었다.

어쨌거나 한국 경제는 여전히 고도성장의 끝물에 놓여 있었고 나는 명문 대학의 상경계열 졸업생이었기 때문에 취직 걱정은 하지 않아도 된다는 점에서, 지금의 '88만원 세대'에 비해서는 그다지 답답할 것도 없는 삶이었다. 그러나 앞이 잘 보이지 않는 사회 분위기 탓이었다고 하면 엉뚱한 과장일 테고, 아마도 태생적인 비관주의 때문이었을까. 나는 즐겨 읽던 신문 연재소설《겨울 나그네》의 슬픈 주인공 민우와 나를 동일시했다. 의대생이던 민우는 갑작스러운 아버지의 파산과 죽음, 그 과정에서 알게 된 출생의 비밀 등으로 하루아침에 일상의 안온한 삶에서 튕겨져 나와 이모를 찾아 기지촌으로 들어간다. 사랑마저도 잃은 민우는 결국 범죄 현장에서 비극적인 최후를 맞이한다.

다행스럽게도 또는 아쉽게도 내게는 드러나야만 할 출생의 비밀이 없었으나 당장 석사 학위 논문을 쓰는 일에조차 자신감을 잃어버린지라 오랫동안 사귄 그녀와도 헤어지기로 마음먹었다. 실은 약속 장소에 나타나지 않은 그녀가 전화로 결별을 제안해왔고 나는 그에 순순히 따르기로 한 것이지만. 엄밀히 말해서 내가 승인한 것은 헤어짐 그 자체가 아니라 헤어질 수밖에 없는 상황, 그것을 강제하는 구조였다. 대학원에 남아 있던 고교 동기 모임에 갔다가 먼저 자리를 박차고 나온 것도 그 무렵이었는데, 실은 한 녀석이 새로 산 승용차를 몰고 나타났을 때부터 화낼 기회만 엿보고 있었다. 아버지의 때 이른 죽음으로 말미암은 요절의 공포, 그 때문에 나는 몇 달간 지속된 신경성 위염을 위암의 징후로 받아들이고 두려움에 떨어야 했다. 그리고 공식적으로는 금지되어 있던 중고생 과외 자리를 찾아 백방으로 뛰기 시작했다. 대학원 동료와 선후배들 사이에서 빨리 돈을 많이 벌어야 하는 친구로 인식되기 시작했던 것도 그즈음의 일이었다. 오전 느지막하게 대학원생 연구실에 나와 바둑이나 족구로 시간을 보내다가 저녁 무렵이면 시내 곳곳에 퍼져 있는 제자들의 집으로 숨어들어 《성문기본영어》나 《수학의 정석》을 가르치는 생활이 시작되었다.

젊은 시인에게
보내는 편지

중고생 과외는 불법에 대한 위험 프리미엄까지 붙어서 어지간한 대기업 대졸 사원의 초임 정도는 쉽게 벌 수 있었다. 시간당 소득에 가용 시간을 곱해서 단순 계산하면 조만간 은행에 빼앗긴 집을 되찾을 수도 있을 것만 같았다. 그런데 문제는 불법이기 때문에 알음알음으로 일자리를 구해야 하므로 매우 불안정한 '취업'이라는 점, 그리고 무엇보다 '의식 있는' 대학원생으로서 사교육의 한 귀퉁이에서 떡고물을 얻어먹는다는 사실이 가져다주는 자괴감이었다.

그 대안으로 벌이는 적으나 어느 정도 안정성과 자존심을 충족시켜줄 수 있는 일이 바로 번역이었다. 비록 유사 군사정권이 계속 유지되고 있었지만 1987년 '민주화'의 영향으로 사회과학 출판은 전례 없는 전성기를 맞이하고 있었다. 서울 시내의 웬만한 대학교 앞마다 사회과학 전문 서점이 몇 개씩 있었으며, 한 주일만 서점에 들르지 않아도 미처 따라잡기 힘들 정도로 많은 사회과학 신간들이 쏟아져 나오고 있었다. 실상 사회과학이라는 말이 마르크스주의와 동일시되던 시절이었으므로, 신간의 대부분은 소련이나 동독 같은 현실 사회주의국가들에서 출간된 경제학 서적이나 철학 교과서, 정세 분석서 등을 번역한 책이었다. 특히 1985년《창작과 비평》복간호에 실린 박현채와 이대근의 논문으로부터 촉발된 사회구성체 논쟁은 그 폭과 깊이가 점점 더 넓고 깊어져만 갔고, 그 당연한 귀결로 현대 자본주의와 한국을 비롯한 제3세계 발전도상국에 관한 사회주의국가들의 공식 이론과 논쟁을 읽으려는 욕구가 대학가를 휘감고 있었다.

공안 당국의 잦은 검열과 판매 금지, 압수, 출판사 대표의 구속 등에도 불구하고 책들은 끊임없이 만들어졌고, 웬만한 인문사회과학 서적은 초판 첫 쇄 2000부도 팔기 힘들다는 지금 기준으로 보면 그 대부분이 베스트셀러 수준의 판매를 기록하고 있었다. 당초 번역서의 상당 부분은 일본어 중역본에 기초한 것이었지만 점차로 독일어에 대한 수요도 늘어갔다. 당시에는 적성 국가의 언어인 러시아어 해독자가 거의 없는 실정이었으므로 상당수의 소련 문헌들도 독일어로부터 중역하는 수밖에 없었기 때문이다. 번역해야 할 문헌은 많은데 번역할 수 있는 사람은 적었으므로, 독일어 번역의 보수는, 예컨대 일본어 번역 보수의 두 배 가까운 높은 수준으로 책정되었다.

나는 독일어를 해독할 수 있는, 게다가 경제학 전공 대학원생이라는 점에서 비교적 귀한 스킬을 가진 얼마 안 되는 사람들 중 하나였다. 그러나 사실 내 독일어 실력은 지금 와서 생각하면 식은땀이 흐를 정도로 형편없는 수준이었다. 그저 막연히 경제학을 공부하려면 독일어 고전을 읽어야 할 것 같다는 생각, 그리고 약간의 겉멋 탓에 나는 대학 시절 꽤 많은 독일어 강좌를 들었다. 그중에는 심지어 독문과 전공과목도 있었다.

'독산문강독' 시간에는 라이너 마리아 릴케의 《젊은 시인에게 보내는 편지》를 읽었다. 정확하게 표현하자면, 읽고 해석하며 감동을 되씹는 것은 평생 릴케를 연구한 노교수의 몫이었고, 나를 비롯한 몇 안 되는 수강생들은 노트에 그 해석을 열심히 받아 적기만 했다. 시험은 책의 몇 단락을 해석하는 문제들로 채워졌고, 나는 첫 문장만 보아도 바로 단락 전체의 한글 해석이 떠오를 정도로 노트를 달달 외워서 좋은 점수를 얻었다. 그 구절들은 일기나 연애편지의 인용문으로 유용하게 쓰였다.

> 사랑이란 긴 시간을 두고 삶의 내부까지 깊이 파고드는 고독이며, 그 고독은 사랑하는 이를 위해 심화되고 고양된 홀로됨입니다. (……) 사랑이란 한 개인이 성숙되고, 그 성숙이 자신 안의 세계를 만들며, 그 자신 안의 세계를 상대방을 위한 것으로 변화시켜나가는 하나의 고결한 동기입니다.
>
> _라이너 마리아 릴케, 《젊은 시인에게 보내는 편지》

+

서울대학교 관악캠퍼스에 있는 자하연. 벚꽃이 만발한 봄날의 모습이다.
1986년 4월 28일, 서울대생 김세진과 이재호는
신림사거리 어느 건물 옥상에서 몸에 불을 붙였다.
사진에서 보는 것과 비슷한 계절에 일어난 일이다.

내가 창문 밖으로 '자하연紫霞淵', 즉 '신선이 사는 곳에만 생긴다는 보랏빛 노을'이라는 아름다운 이름을 가진 작은 연못이 보이는 텅 빈 강의실에 앉아 릴케의 구절을 인용하여 일기를 쓰던 어느 화창한 봄날. 그날은 2학년 남학생들이 전방입소 군사훈련을 떠나는 날이었고, 4학년이었던, 그러니까 나와 입학 동기생인 정치학과 이재호와 미생물학과 김세진이 "양키의 용병교육 전방입소 결사반대!"라는 구호를 외치며 시너를 끼얹은 몸에 라이터를 갖다 댔던 날이었다. 그렇게 세상이 미쳐 돌아가던 시절, 당연하게도 릴케의 인문학적 구절들은 내게 별다른 감흥을 주지 못했다. 어쨌든 그렇게 공부한 엉터리 독일어 실력으로 나는 과감하게 번역에 뛰어들었다.

　그 당시 우후죽순처럼 생겨났던 사회과학 출판사들은 '아침'이나 '새날'처럼 한글 이름을 즐겨 붙였고, 좌파 성향의 젊은이들에게는, 그로부터 한참 뒤에야 알게 되는 용어를 빌려 말하자면, 일종의 벤처 비즈니스 같은 성격을 지니고 있었다. 학생운동을 하다가 제적당하거나 성적이 불량해 정상적인 취업이 어렵기도 하거니와 기득권 체제에 들어가고 싶지 않은 청춘들이 최소한 먹고살 만큼의 돈을 벌면서 이른바 '이론적 실천'을 하고 있다는 약간의 자존감까지 갖게 해주기에 적절한 곳이었으므로. 하기는 그들 중 일부는 10년쯤 뒤에 진짜 벤처 기업가로 성공할 운명을 지닌 이들도 있었다.

　내 번역 일의 주된 공급원은 당시 한창 성가를 떨치던 어느 사회과학 출판사였고, 그 출판사의 편집장은 경제학과 1년 선배로 '노학연대투쟁'에 참가했다가 '폭력' 혐의로 징역을 살고 나온 제적생이었다. 이름은 거창하지만 실상 그 선배가 한 일이라곤 파업농성 중이던 구로공단의 어느 공장에 우유와 빵을 사들고 찾아갔다가 사복경찰과 구사대에게 피투성이가 되도록 얻어맞은 게 전부였다. 고독과 사랑에 관한 릴케의 단상들을 읽던, 아니 그 한글 번역문을 외우려 노력하던 시절, 나는 그 선배와 자하연 뒤편의 한적한 계단에 앉아 논쟁을 벌였다.

"나는 사회주의는 싫어요."

"사회주의가 역사의 필연이라면 네가 싫어도 받아들일 수밖에 없어."

그로부터 얼마 뒤에 선배는 학교에서 사라졌고, 우리는 정확히 2년 만에 출판사 편집장과 번역자로, 또는 폭력전과 1범과 돈이 몹시 급한 대학원생이 되어 다시 만났다.

과장하자면 그 선배는 사실 독일어라고는 "이히 리베 디히Ich liebe dich" 밖에 모르는 수준이었다. 의뢰받은 번역이 끝나면 나는 출판사로 가서 방만한 자세로 소파에 눕다시피 기댄 그 선배 앞에서 번역 원고를 한 줄씩 읽어 내려갔다. 눈을 지그시 감은 채 듣고 있던 선배가 "방금 그 구절, 뭔가 이상한데? 다시 해봐"라고 말하면 나는 그를 설득할 수 있을 때까지 새로운 번역 문장을 만들어내야 했다. 사실 내 독일어 실력은 일단 단어들을 사전에서 찾은 다음, 그것들을 적절하게 조립하여 한국말이 되도록 문장을 만들어내는 수준이었다. 비유하자면 낱낱이 흩어져 있는 많은 레고 조각들을 모아서 원래 모습이 무엇이었을지 상상하면서 다시 조립하는 작업과도 같았다. 내가 생각하는 완성품을 만들고 나서도 어떤 때는 레고 조각이 남았고 또 어떤 때는 모자랐다. 남는 조각은 버리고 모자라는 조각은 적당한 상상력으로 채워 넣었다. 원래 우주정거장이었을지도 모르는 레고 세트로 나는 우주선을, 심지어는 로봇을 만들어내기도 했다. 형편없는 독일어 실력에도 불구하고 편집장 선배는 신기하게도 내가 간밤에 몰래 내다버렸던 조각을 찾아내기도 했고 은근슬쩍 끼워 넣은 조각의 부적절함을 지적하기도 했다. 그렇게 원고지 100여 장짜리 논문 하나를 한나절에 걸쳐 품질검수를 받고 나면 선배는 험상궂은 표정을 지으며 "이건 80프로만 인정!" 하는 식으로 최종 판결을 선고했다. 그것은 번역의 품질을 감안하여 원래 주기로 한 번역료의 80퍼센트만 지급한다는 뜻이었다. 여전히 주 수입원은 중고생 과외였지만 나는 점차 독일어 번역이 대학원생이라는 내 정체성에 걸맞은 일이라 생각하기 시작했고 편집장 선배의 검수 과정에서 일종의 피학적인 즐거움마저 맛보기에 이르렀다.

장미의
이름

　같은 대학원생 연구실을 쓰던 박 선배는 학부에서 독문학을 전공하고 나보다 한 해 먼저 대학원 경제학과에 진학한 사람이었다. 그는 독문과 출신이니만큼 연구실에서 후배들을 모아놓고 독일어 강독을 지도하기도 했다. 그 박 선배가 나를 학교 근처 구청 뒷골목의 '레벤디게스 Lebendiges(독일어로 '살아 있는 것들'이라는 뜻)'로 불러낸 것은 바로 그즈음의 일이었다. 학교에서 얘기해도 될 텐데 군이 학생들이 잘 가지 않는 카페로 불러낸 이유는 만나서야 알게 되었다.

　"너 독일어 좀 하지? 근데 돈이 급하다며?"

　"네."

　"매달 70만 원씩 벌 수 있는 아르바이트가 있는데, 출퇴근하면서 일해야 하는 거야. 해볼래?"

　"무슨 일인데요?"

　박 선배는 주위를 한 번 둘러보고 나서 잠시 뜸을 들이더니 나지막한 목소리로 대답했다.

"원전 번역하는 일이야. 사실 나는 이미 하고 있어."

그렇게 나는《자본론》번역, 정확하게 말하면 교정 작업과 연을 맺게 되었다.

마르크스의《자본론》은 1987년에 제1권이 번역 출간되었고, 그로 말미암아 출판사 대표가 구속되어 재판까지 받게 된다. 사실 나도 경제학과 학생이므로《자본론》에 관심이 없지는 않았으나 실물을 처음 접한 것은 대학원에 입학한 1987년 봄의 일이었다.《자본론》은 마치 움베르토 에코의《장미의 이름》에 나오는 꼭꼭 감춰진 금서와도 같은 것이었다. 학교 중앙도서관에 식민지 시절 경성제국대학이 사들인 독일어판, 영어판, 일본어판《자본론》이 고스란히 보관되어 있었음에도 학생들은 접근이 불가능했다. 어렵게 구한 원본을 학교 근처의 복사점에서 은밀하게 복사·제본하는 것이《자본론》에 다가가는 일반적인 루트였는데, 그 루트에 접근하기 위해서는 나름의 네트워크가 필요했다. 이를테면 지하 서클 중심으로 움직이던 운동권 학생이거나, 아니면 인문사회 계열 대학원생들의 네트워크에 들어가야 비로소 가능한 일이었던 것이다. 대학 시절 운동권과 거리가 멀었던 나는 경제학과 대학원에 들어가서야 겨우 펭귄 출판사에서 나온 영어판《자본론》세 권의 복사본을 구할 수 있었다.

박 선배는《자본론》제1권을 찍었던 출판사가 어떻게 해서라도 제2권과 제3권까지 완간할 생각을 갖고 있으며 실은 이미 번역도 끝냈다고 말했다. 그런데 새로 꾸려진 교정 작업팀의 일손이 부족하므로 매일 출근하면서 교정 볼 사람이 더 필요하다는 것, 작업은 출판사가 마련한 비밀 장소에서 이루어지며 교정의 대본은 독일어판《자본론》이어야 한다는 것, 보수는 원고지 장당 얼마로 지급하는 것이 아니라 월급으로 작업이 마무리될 때까지 지급한다는 것이었다.

박 선배는 최후통첩이라도 하듯 간결하지만 확고하게 덧붙였다.

"오늘 이 자리에서 들은 얘기는 절대로 발설하지 마라."

솔직히 말해서 귀를 의심할 정도로 많은 보수는 내 처지에 도저히 거절할 수 없는 제안이었다. 70만 원이면 대기업 대졸 사원 월급의 한 배 반이 넘을 만큼의 큰 금액이었다. 그리고《자본론》, 그것은 듣기만 해도 가슴 설레는 이름이었다.

사실 영어판《자본론》을 펼칠 엄두조차 내기 어려웠던 나는 해방 직후 유명한 좌파 경제학자였던 전석담 등이 번역한 한글판《자본론》제1권과 제2권의 복사본까지 구해놓았으나 그때까지 제대로 읽어본 적은 없었다. 대학원에 입학한 뒤, 정치경제학과 경제사를 전공하는 학생들끼리 모여 선배의 지도하에 마르크스 경제학원론 세미나를 하기는 했으나 세미나의 교재는 이미 학부 시절에 읽었던 일본인 마르크스 경제학자 도미즈카 료조富塚良三의《경제학원론》이었다.

사실 전문적인 마르크스 경제학자가 될 것이 아니라면 굳이《자본

+
1987년 8월, 이론과실천 출판사는 한국전쟁 이후 남한에서는 처음으로《자본론》제1권의 한글 번역본을 출간했다.

론》을 원전으로 읽지 않더라도 별 문제는 없었다. 이를테면 50권짜리 계몽사 소년소녀 세계문학전집에 들어 있는 어린이용《돈키호테》만 읽어도 원판《돈키호테》의 주요 등장인물과 주제에 관해 몇 마디 정도는 충분히 할 수 있을 테니까. 그리고 목사나 신학자가 될 것이 아닌 이상, 성경을 굳이 히브리어나 헬라어로 샅샅이 읽지 않더라도 '가르침'에 대한 '믿음'만 있다면야 무엇이 문제겠는가? 더구나 정통파 마르크스 경제학자일수록《자본론》을 충실하게 요약하고 인용하는 방식으로 책을 쓰는 것이 일반적이므로, 몇 백 쪽짜리《경제학원론》만 읽어도 몇 천 쪽짜리《자본론》의 내용을 대체로 파악하는 것은 충분히 가능한 일이었다.

그러나《자본론》을 직접 읽은 이와 그렇지 못한 이 사이에는 무시할 수 없는 중요한 차이가 있었다. 마치 "마태복음 몇 장 몇 절에서 예수님께서 말씀하시기를" 하는 인용으로 시작하는 목사의 설교가 평신도로서는 무시할 수 없는 권위를 지니는 것과 같은 이치로, "《자본론》몇 권 몇 장에 이렇게 나와 있다"라고 말하는 것은 당시 대부분의 정치경제학 세미나에서 논쟁을 종결짓는 중요한 수단이었던 것이다.

그러므로 마르크스 원전의 자구 하나하나를 정교하게 검토하는 것은 문헌학적 연구로서는 의미가 있으되, 경제학적 연구로서는 굳이 지나친 품을 들일 필요가 없는 일일지도 모른다. 심하게 말하자면, 이것은《자본론》을 '과학적 연구'의 대상으로 보느냐, 아니면 '종교적 신봉'의 대상으로 보느냐라는 문제와도 관련이 있다. 과학에서는 마르크스

건 아인슈타인이건 언제든 틀릴 수 있고 실수를 고쳐나가는 것이 바로 발전이기도 하다. 그렇지만 무오류성을 특징으로 하는 종교에서 틀린다는 것은 있을 수 없는 일이다. 오직 신의 뜻을 잘못 해석하는 인간들만이 존재할 뿐인 것이다.

어쨌든 나는 출판사 관계자를 한 명도 만나지 않은 상태에서 박 선배의 제안을 따르기로 했고 그와 동시에 '채용'되었다. 일을 시작하기 위해서는 먼저 독일어판《자본론》부터 구해야 했다. 다행히 학교 앞 사회과학 서점 한곳에 보기 드물게도 동독의 디츠Dietz 출판사에서 발간한 마르크스–엥겔스 저작집MEW: Marx-Engels Werke의 제23권에서 제25권, 즉《자본론》제1권에서 제3권까지가 비치되어 있었다. 해적판임에도 무려 3만 원가량의 거금이 가격으로 매겨져 있었으나, 학생증 하나 보여준 뒤 외상으로 독일어판《자본론》을 손에 넣을 수 있었다. 동독에서 출간되는 책들은 목차가 맨 뒤에 나온다는 사실도 그때 처음으로 알았다.

그렇게 구한 디츠 판《자본론》을 가방에 넣고 가슴에 부둥켜안다시피 하고는 혹시라도 거리의 불심검문에 걸릴까 봐 마음 졸이며, 박 선배를 만나기로 약속한 지하철 2호선 충정로역에 다다른 것은 장맛비가 내리던 그해 초여름의 어느 날 아침이었다.

영웅
본색

박 선배의 손에 이끌려 찾아간 곳은 〈영웅본색英雄本色〉 등의 홍콩 누아르를 주로 상영하는 것으로 유명하던 극장에서 그리 멀지 않은 골목의 낡은 2층 건물이었다. 아마도 식민지 시절에 지어진 적산가옥일 가능성이 큰 일본식 목조 건물. 오른쪽 벽에 가로로 붙여놓은 기다란 나무 받침대를 손으로 짚으며 경사가 가파르고 비좁은 계단을 올라갈 때면 발밑에서는 삐거덕거리는 소리가 났고 그 박자에 맞추어 약간의 어지럼이 느껴질 정도였다. 2층에는 좁다란 복도와 두 개의 출입구가 있었고, '운명철학'이라는 큼지막한 아크릴 간판이 붙어 있는 출입구 오른쪽에 '작업실'이 있었다. 미닫이문으로 분리된 두 개의 공간으로 이루어진, 오래전에는 틀림없이 다다미방이었을 '작업실'에 들어서면 커다란 탁자가 눈에 들어왔다. 탁자 위에는 독일어판과 일본어판《자본론》, 그리고 산더미같이 쌓인 원고지 뭉치가 놓여 있었다. 장발에 잠자

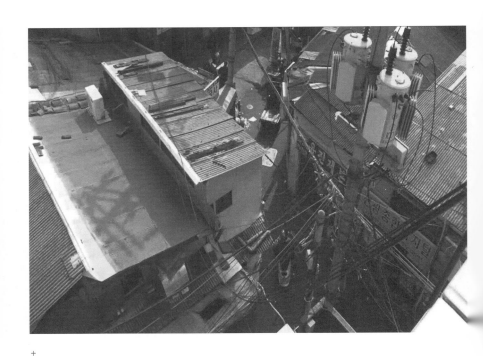

+

전형적인 적산가옥들로 가득 찬 골목길의 모습이다.
대대적인 재개발이 이루어지기 전만 해도
식민지 시대 일본인들이 모여 살았던
서울의 원효로나 충정로 등지에서 흔히 볼 수 있었다.

리 안경을 낀, 전혀 사회과학 출판사에서 일할 것같이 생기지 않은 반질거리는 외모의 편집장에게 간단한 설명을 듣고 나서 내게는 《자본론》 제2권 제3편 '사회적 총자본의 재생산과 유통'의 원고가 할당되었다.

교정 작업팀에는 박 선배와 나 말고도 남자 한 명과 여자 한 명이 더 있었다. 박 선배는 아직 여학생 티를 채 벗지 못한, 화장기 없고 말수가 적은, 편집장과 비슷한 잠자리 안경을 걸친 여자를 소개했다. 나보다 한 살 적은 그 여자는 대학에서 독문학을 전공했으며 편집장 친구의 여동생인데, 그곳에서 일하다가 편집장이 알아봐줄 다른 출판사의 정규직으로 옮겨갈 계획이라고 했다. 묻는 말에만 그나마 단답형으로 응수하는 그 여자가 마르크스나 경제학에는 별다른 선행 지식이 없다는 것, 그리고 편집장과 같은 대학 출신이라는 것이 몇 달 동안 함께 일하면서 겨우 알아낸 그 여자에 관한 추가 정보였다. 개량한복 비슷한 옷을 입은 남자는 그저 이름만 알려주었다. 어떤 사람의 과거를 첫인상이 주는 스테레오타입으로 짐작하는 버릇이 있는 내가 판단하기에, 그는 운동권 학생 출신으로 학교에서 제적당한 뒤 공장 노동자로 '존재 이전'을 했다가 건강이 안 좋아져 잠시 쉬는 사이에 돈을 벌러 들어온 듯했다. 표준어를 구사하려고 노력했지만 어쩔 수 없이 느릿느릿한 남도식 억양을 드러낸 그는 말수가 많은 편이었지만 자신의 사생활에 관해서는 거의 얘기하지 않았다. 하긴 그만 그랬던 것은 아니라서 우리 넷 중 누구도 자신에 관해서는 별로 말하지 않았다.

10시나 11시쯤 되어 '작업실' 안으로 눈부신 햇살이 비쳐들어 어쩔 수 없이 낡아빠진 커튼을 쳐야 할 무렵이면 '작업실' 안 다른 칸의 주인인, 나보다 열 살쯤 많아 보이는 남자 한 명과 같은 또래의 여자 한 명이 거의 동시에 출근했다. 가무잡잡한 얼굴에 검은 안경을 낀 차분한 인상의 남자는 '작업실' 문을 열고 들어서면서 우리를 향해 큰 소리로 웃으며 인사했다.

"야! 젊은 분들이 대단한 석학들이에요. 이 어려운 책을 독일어로 번역을 다 하고."

작업 내용에 관해 잘 알고 있는 것으로 봐서 그를 경계할 필요는 없는 듯했다. 그도 자신에 관해서는 거의 얘기하지 않았다. 나는 늘 그와 함께 일하다가 먼저 사라지곤 하는 여자가 어쩌면 그의 아내일지도 모른다고 생각했지만 아무에게도 물어보지는 않았다. 왠지 사생활을 캐묻지 않는 것이 '작업실'의 불문율일지도 모른다는 느낌 때문이었다. 잠자리 안경의 편집장이 해준 설명에 따르면, 그는 대학에서 미학을 공부했고 지금은 아동도서를 기획하고 있다고 했다.

"의식화는 어릴 때부터 이루어져야 한다는 판단 때문이죠."

이렇게 말하며 편집장은 큰 소리로 웃었다. 그러나 왠지 그의 웃음소리는 그다지 맑게 들리지 않았다.

아무나 첫눈에 사랑에 빠지는 경험을 할 수 있는 것은 아니다. 그렇지만 누구나 첫눈에 느낌이 좋은 사람과 나쁜 사람을 구별하곤 한다.

아마도 빠른 시간 안에 상대방이 적인지 아닌지를 식별해야 목숨을 지킬 수 있었던 원시 시대부터 인류의 신체에 새겨진 습속의 산물일지도 모른다. 그러니 타인을 적이냐 동지냐로 나누는 것은 나름대로 매우 유서 깊은 이분법인 셈이다. 물론 이분법은 바깥세상은커녕 내 마음속에서 일어나는 생각과 감정의 무쌍한 변화를 온전하게 담아내기에도 턱없이 부족한 그릇일 뿐이다. 그러나 그해 여름의 나는, 적어도 내 그릇은 다른 이들의 그릇보다 훨씬 크고 견고하다고 믿고 있었다. 그 그릇이 알려주는 바에 따르면 '작업실'에 모였거나 드나드는 사람들은 나의 동지여야 했고 느낌이 좋은 사람이어야 했다. 그런데 진실을 고백하자면, 이상하게도 처음 만났을 때부터 편집장의 잠자리 안경은 내 눈에 거슬렸다.

가장 먼저 출근한 사람이 복도 옆 화분 밑에 숨겨놓은 열쇠로 '작업실' 문을 열고, 아침 9시부터 저녁 6시까지 별말 없이 빨간 펜을 붙잡고 원고지만 들여다보는 생활이 시작되었다.

원고의 상태는 처참했다.

얼핏 보아도 판이하게 다른 글씨체와 필기도구로 쓰인 걸로 봐서 적어도 대여섯 명 이상의 번역자들이 원고지 100~200장씩을 나누어서 작업한 이른바 쪼가리 번역이었다. 하기는 저녁에 노벨문학상 수상자가 발표되면 수십 명이 달려들어 다음 날 아침에 번역이 완성된다는 무용담이 있던 시절이니 놀랄 것도 없었다. 그러나 막상 원고를 읽기 시작한 지 한 시간도 채 안 되어 나는 이 작업의 불투명하기 짝이 없는 미래를 곧 깨달았고, 출판사의 담대하고도 무모한 용기에 놀랐다.

마르크스 경제학의 대표적인 개념 중에 독일어로 Mehrwert라는 것이 있다. mehr는 영어의 more에 해당하고 wert는 value에 해당하므로, 글자 그대로 옮기자면 '더 많은 가치'쯤 될 것이다. 이 단어는 한자문화권에서는 오래전에 '잉여가치'라는 번역어로 정착되었다. 사실 잉여가치라는 용어는 《자본론》을 다이제스트한 《경제분석입문》이나 '자구발'이라 불렸던 《자본주의의 구조와 발전》 따위의 책, 그러니까 1980년대 학회나 합법적인 학생 동아리의 1학년생들이 세미나 교재로 사용하던 입문서를 열 쪽만 읽어보아도 쉽게 머릿속에 자리 잡는 단어였다. 그런데 원고에는 놀랍게도 "여분의 가치"라는 말로 번역되어 있었다. 그 당시 운동권 학생들은 대부분 엉터리이기는 하지만 일본어 책을 떠듬떠듬 읽을 정도의 실력은 가지고 있었다. 사실 일본어 읽기는 의외로 쉬운 일이었다. 특히 경제학 책에 사용되는 개념어는 거의 대부분 일본의 번역어가 한국에 정착된 것이므로, 히라가나는 뛰어넘고 한자만 읽어도 웬만큼 뜻을 짐작할 수 있었기 때문이다. 그러니 그 원고는 적어도 일본어판 《자본론》을 번역 대본으로 삼지는 않은 것임에 틀림이 없었다. 잉여가치가 영어로는 'surplus value'라고 번역되므로, 아마도 이 번역자는 영어 사전에 1번으로 표시된 두 단어의 뜻풀이를 그대로 조합했을 것이다. 마치 내가 레고 조각을 남기거나 버리면서 독일어 번역을 했듯이. 마르크스는 잉여가치를, 그 머리글자를 따서 M이라는 기호로 자주 표기하는데, 원고에는 그것이 S로 되어 있는 걸 보면 내 추리는 완벽한 것이었다.

그 처참한 원고 뭉치를 탁자 위에 수북이 쌓아두고, 박 선배는 평소 성격대로 꼼꼼하게 독일어판《자본론》과 한 줄 한 줄 대조하며 읽어나갔다. 잠자리 안경의 여자는 혹시 저러다가 말하는 법을 잊지나 않을까 하는 걱정이 들 정도로 혼잣말 한 번 하지 않고 마치 독서실에서 대학 입시를 준비하는 고3 수험생과 같은 자세로 원고와 독일어 책을 번갈아 읽고 있었다. 개량한복은 아예 독일어를 모른다고 일찌감치 커밍아웃한 처지인 듯했다. 그는 일본어판《자본론》을 들고 가끔씩 왼손을 긴 머리카락 사이에 넣었다가 뒤로 천천히 쓸어내리면서 교정을 보았다.

나는 내가 해야 할 작업이 그때까지 하던 번역 일과는 성격이 완전히 다르다는 것을 금세 깨달았다. 이미 익명의 무모한 번역자들의 손에 엉망으로 해체되어버린 레고 조각은 내가 다듬어서 원래 모양을 복구할 수 있는 수준이 아니었다. 게다가 그곳에는 내가 버리거나 끼워 넣은 레고 조각을 꼼꼼히 검수해줄 편집장 선배마저 없었다. 번역 원고의 오역은 마치 대학 시절 전자오락실에서 즐겨 하던 갤러그라는 전자오락, 죽여도 죽여도 꾸역꾸역 나타나서 때로는 일렬종대로 전진하다가 때로는 나선형으로 회전하고 때로는 후진하며 공격해오던, 파리 모양의 외계인들과도 같았다. 끊임없는 생명력을 지닌 채 인해전술을 구사하는

+
1981년 일본의 한 회사가 개발한 갤러그 게임의 화면이다.
한국에서도 대학가 등지의 전자오락실에서
선풍적인 인기를 누렸다.

+

〈영웅본색〉은 오우삼 감독이 1986년에 만든
홍콩 누아르의 대표적인 작품이다.
사진은 1988년 여름, 신문에 실린 〈영웅본색2〉의 광고이다.

파리들을 다 죽이는 것은 박 선배 정도의 성능 좋은 총을 가져도 애초부터 불가능한 일일 듯했다. 어쨌거나 파리들은 욕지기가 치밀어오를 정도로 쉴 새 없이 튀어나왔으며, 게다가 내가 가진 총은 부실하기 짝이 없었다. 때로 나는 검은 트렌치코트를 걸치고 달려드는 악당들을 향해 쌍권총을 쏘아대는 〈영웅본색〉의 주윤발이 된 듯한 기분이었다. 악당들의 주검은 빨간색 교정부호와 함께 차곡차곡 쌓여갔지만 한결같은 불퇴전不退轉의 의지로 대결을 기다리는 새로운 악당들은 감당할 수 없을 만큼 많았다.

그리하여 나는 마침내 무기를 독일제에서 일본제로 바꾸기로 결심했다.

《자본론》의 일본어 번역본은 이미 수십 년 이상의 역사를 가진 판본만도 여럿 있었다. '작업실' 탁자 위에 놓인 오쓰키쇼텐大月書店 판은 바로 디츠 판 독일어 《자본론》을 번역한 것이었고, 전문적인 역자 주는 물론이거니와 각 단락마다 그에 해당하는 독일어본의 쪽수까지 표기되어 있었다. 일단 일본어본을 이용하면 치명적인 번역 오류는 피할 수 있었다. 예를 들면 똑같은 뜻을 갖는 형용사, 즉 학술적 개념어가 아닌 단어조차도 독일어 단어가 다르면 일본어도 그에 일대일로 대응시켜 다르게 번역할 정도로 세심한 주의를 기울인 번역본이었기 때문이다. 나는 어느덧 독일어본과 일본어본을 함께 펴놓고 교정을 보기 시작했다. 시간이 지나면서 독일어본은 슬금슬금 주인공의 자리를 일본어본에게 내주고 그저 장식품의 처지가 되어 뒤로 물러앉고 말았다. 마치 대입 학력고사에는 제외된 독일어 수업 시간에 책상 위에는 교과서를 펼쳐놓은 채 그 아래에는 영어 참고서를 끼워놓고 선생님 눈을 피해가 며 읽던 고등학교 시절처럼.

2층짜리 가정집을 개조해서 꾸민, 작은 정원이 딸린 출판사는 '작업실'에서 걸어서 20분 정도의 거리에 있었다. 편집장은 하루에 한 번은 반드시 '작업실'에 들렀다. 먼저 출판사에 나와 일을 보다가 오전 늦게 '작업실'에 오는 것이 그의 일과인 듯했다. 그는 우리와 함께 점심을 먹기도 했다. 가끔은 은근히 작업을 독려하기도 했으나 주로 그가 관심을 가진 세상 돌아가는 얘기를 했다. '세상 돌아가는 얘기'에 관심이 있는 것이 아니라 '관심을 가진 세상'의 얘기만 했다는 뜻이다.

"고 선생이 철학이랑 경제학 교과서를 새로 개정하라고 지시했다는군요. 우리도 슬슬 준비를 해야 하는 것 아닐까요?"

고르바초프의 페레스트로이카에 관한 얘기였다.

편집장은 어느 날인가 박 선배와 내게 원고료를 줄 테니 '서울 올림픽이 한국 경제에 미칠 파괴적 효과'에 관한 짧은 글을 써달라고 했다. 어디에다 싣는 글인지도 분명하지 않았거니와 올림픽이 시작되기도 전에 이미 내 개인 경제는 파국을 맞이한 상태였으므로 나는 시큰둥하게 반응했다. 아마 그 글은 부탁을 거절하는 재주가 별로 없던 박 선배가 썼을 것이다.

가끔은 근처 골목의 허름한 중국집에서 짬뽕 국물을 곁들여 소주를 마시기도 했다. 아동도서를 기획한다는 남자. 실은 그가 이미 몇 년 전에 《창작과 비평》을 통해 등단한 소설가라는 사실, 그리고 불과 몇 년 뒤면 그의 이름이 붙는 고유명사로 불릴 유명한 문학 논쟁의 주역이 될 거라는 사실을 나는 '작업실'을 떠나고 나서도 한참 뒤에야 알았다. 그 아동도서, 아니 소설가는 말했다.

"박현채 선생이 늘 남한 자본주의는 곧 망한다, 망한다 하며 파국론적 전망을 말했단 말이야. 근데, 이제 그건 아닌 것 같아."

그해 여름, 그룹사운드 사랑과 평화 출신의 가수 이남이가 부른 〈울고 싶어라〉라는 노래가 공전의 히트를 기록하고 있었다. 소설가가 소주한 잔을 들이켜더니, 갑자기 손바닥으로 식탁을 두드리며 국악풍으로 편곡한 〈울고 싶어라〉를 구성지게 불러젖혔다.

"이남이가 알고 보면 대단한 놈이란 말이지. 이게 바로 굿거리장단을 응용한 거라."

또 어느 날인가는 성적 욕구의 억압이 한국 사회를 병들게 한다는 얘기를 했다. 잠자코 젓가락질만 하고 있던 내가 퉁명스럽게 대꾸했다.

"지금 한국 사회가 성적 억압 때문에 문제를 겪는 상황이라고는 생각하지 않는데요?"

"허허, 우리 젊은 석학이 의외로 조선 시대네?"

"최소한 주요모순은 아니지 않나요?"

"카! 주요모순이라! 모택동을 탐독한 모양일세."

"뭐, 그런 건 아니지만⋯⋯."

"설사 당장에는 주요모순이 아니더라도 장기적으로 보면 누군가 꼭 해야 할 이야기는 하는 게 지식인의 책무가 아닐까?"

"⋯⋯."

때로 2층을 나눠 쓰던 운명철학관 주인 남자가 손부채를 부치며 반쯤 열린 '작업실' 문 안을 쭈뼛거리며 들여다보면 개량한복은 얼른 담배를 권하며 말을 붙였다. 우리, 그러니까 운명철학과 개량한복, 그리고 나는 함께 담배를 피우며 올림픽 얘기를 했다. 잠자리 안경의 여자도 이따금, 그러나 항상 혼자 벽을 향해 뒤돌아 앉은 자세로 나지막이 중얼거리듯 담배를 피웠다. 나는 사실 내가 과연 대학원이나 졸업할 수 있을지 몹시 궁금했지만 늘 따분해 보이는 중년의 운명철학에게 군이 내 앞날을 물어볼 생각은 하지 않았다. 애초에 선험적으로 파악 가능한 운명 따위는 믿지도 않았거니와, 무엇보다도 내가 '작업실'에 머문 서너 달 동안 운명이 궁금하여 그를 찾아오는 이는 다섯 손가락으로 꼽을 수 있을 정도에 지나지 않았으므로.

어느 날 늦은 오후 무렵, 뒤로 한데 모아 내린 긴 머리카락을 하얀 손수건으로 질끈 묶은 수수한 옷차림의 여자 하나가 개량한복을 찾아왔다. 양쪽 뺨 위로 촘촘하게 내려앉은 기미 탓인지 개량한복보다도 몇살은 더 나이가 들어 보였다. 눈웃음으로 인사를 대신하며 '작업실'로 성큼성큼 들어서는 품새가 그전에도 여러 차례 들른 적이 있는 듯했다. 여자가 개량한복과 마주 앉아 조곤조곤한 말투로 나누는 대화를 어쩔수 없이 엿듣게 된 나는 문득 그들이 서로 아무런 호칭도 사용하지 않은 채 지극히 일상적인 주제, 그러니까 어제 저녁 메뉴 따위에 관해 얘기하고 있음을 깨달았고, 그 짧은 순간 그들이 함께 사는 사이일 거라고 믿어버렸다. 그렇지만 때마침 편집장이 방문하면서 내 믿음을 확증하는 데 필요한 더 이상의 시간은 주어지지 않았다. 여자가 황급히 일어서서 인사하는 것을 보아 편집장과도 이미 아는 사이인 듯했다. 편집장이 들어오면서부터 개량한복은 눈에 띄게 겸연쩍은 듯한 표정을 지었고 여자는 바로 '작업실'을 떠났다. 바깥이 어둑어둑해질 때까지 편집장은 보기 드물게 낮은 목소리에 진지한 표정으로 개량한복과 뭔가를 계속 얘기하고 있었고, 나는 텁텁해진 실내 공기를 참기 어려워 바깥으로 나섰다. '작업실' 골목 어귀를 돌아 나오는 순간 전봇대 옆에 서있다가 나와 얼굴을 마주치지 않으려고 고개를 돌려 먼 산을 바라보는 여자의 모습이 얼핏 눈에 들어왔다.

딱 한 번인가 '작업실' 멤버들끼리만 단합대회라도 해야 하지 않겠느냐는 박 선배의 제안으로 함께 저녁을 먹은 적이 있었다. '작업실'에서 근처의 어느 야간대학교 쪽으로 걸어가다 보면 재래시장이 하나 있었는데, 그 초입에는 대망의 80년대에 아직도 이런 곳이 있나 싶을 정도로 허름한 가건물에서 떡볶이나 튀김, 순댓국 등을 파는 가게들이 줄지어 서 있었다. 비좁은 골목을 향해 머리를 내민 기름 냄비에 오징어나 고구마 따위가 지글거리며 튀겨지고, 그 옆의 커다란 솥에서는 온갖 종류의 돼지 내장을 집어넣은 국물이 대중목욕탕 굴뚝에서 나오는 것 같은 김을 내며 끓고 있었다. 아슬아슬한 나무 계단을 올라가면 고개를 숙여야 가까스로 들어갈 수 있는 다락방 같은 2층이 있었고 술손님들은 그곳에 앉아 소주를 마셨다. 술손님의 대부분은 근처 고등학교 학생으로 보이는 십대들이거나 재래시장에서 일하는 노동자들이었다. 개량한복은 얼마 전 총선에서 국회의원을 하나도 당선시키지 못하고 사라질 운명에 처한 '민중의 당' 얘기를 꺼냈다.

"유세장에 갔더니 어떤 아저씨가 막 화를 내면서 저런 빨갱이 새끼들, 아예 공산당이라고 이름을 붙이라고 소리를 지르더구먼요. 그런데 생각해보니 그게 일면의 진리를 담고 있는 말이더라고요. 떳떳하게 주장을 하면서 선전 선동하는 게 필요할 수도 있지 않나요?"

박 선배는 빙긋이 웃고만 있었고 잠자리 안경의 여자에게서 무슨 대답을 기대하기란 어려운 일이었으므로 내가 무언가 대꾸해야 했다.

"그렇지만 군바리를 대통령으로 뽑아주는 민돈데, 공산당이 가당키나 한 일인가요?"

"어차피 보수적인 사람들은 찍어주지 않으니, 노급(노동자 계급)의 이익이라도 확실하게 대변하는 게 낫지요."

"글쎄, 저도 공산당이 합법적으로 인정되는 날이 한국의 민주주의가 완성되는 날이라고 생각은 합니다만…… 아직은 아닌 것 같아요."

나는 '공산당' 대신 '김일성'이라는 말을 하고 싶었으나 주변 식탁의 손님들도 신경이 쓰였고 무엇보다 그게 진짜 내 생각인지 확신이 들지 않아서 참았다. 사실 그건 벌써 30년쯤 전에 시인 김수영이 말한 것이기도 했다.

'김일성만세'
한국의 언론자유의 출발은 이것을
인정하는 데 있는데
이것만 인정하면 되는데
이것을 인정하지 않는 것이 한국
언론의 자유라고 조지훈이란
시인이 우겨대니
나는 잠이 올 수밖에

_김수영, 〈김일성만세〉

하기는 내 생각 중에 진짜 내 생각이라고 우길 수 있는 게 과연 얼마나 될까? 그렇지만 한 가지 분명한 것은 내가 사실은 FM 라디오의 심야 음악방송에 실연의 사연과 함께 자주 흘러나오던 조지훈의 시를 무척 좋아한다는 것이었다.

> 한 잔은 떠나버린 너를 위해
> 또 한 잔은 이미 초라해진 나 자신을 위해
> 그리고 한 잔은 너와의 영원한 사랑을 위해
> 마지막 한 잔은 이미 알고 정하신
> 하나님을 위해
>
> _조지훈, 〈사모〉

아니, 뭐랄까. 생각을 제대로 표현하기 위해서는 메타포를 만들어보라던 시인 네루다의 조언을 따르자면, 내게 김수영은 칸트였고 조지훈은 《일간스포츠》, 정확하게 말하자면 매주 화요일판 《일간스포츠》 안에 별쇄본으로 들어 있던 여덟 쪽짜리 성인용 섹션이었다. 대학원생인 내가 이해할 수도 없는 칸트를 읽는 건 누가 보아도 아무런 문제가 없는 일이었지만, 지하철이나 버스 안에서 《일간스포츠》를 펼치고 앉아 펠라티오니 클리토리스니 하는 단어들을 읽고 있는 건 나 자신부터도 떳떳하게 설득하기 어려운 행동이었으므로.

장마가 끝나자 곧 무더위가 시작되었다. '상속포기'니 '한정승인'이니

하는 법률적 절차를 들어본 적도 없던 내게 어딘가에 숨어 기한이 지나
기만 기다리던 1억 원 가까이 되는 채무가 상속되었음을 알리는 통지
문이 날아든 것은 바로 그 무렵이었다. 돈으로 세상의 모든 문제를 해
결할 수 있는 것은 아니지만 확실히 온갖 문제의 끝에는 음험한 얼굴의
돈이 시뻘건 입을 벌린 채 기다리고 있는 듯했다. 잠깐이나마 운명철학
을 만나볼까 싶은 생각마저 들었다. 신경성 위염은 더욱 심해져만 갔
다. 자극적인 음식을 피해 점심으로는 평소 좋아하지 않던 된장찌개나
우동 국물만을 조금씩 먹어야 했다. 의사는 위염이 다스려질 때까지만
이라도 금연할 것을 권했지만 나는 짧은 점심 식사를 마친 바로 그 자
리에서 원래는 식후 30분에 먹어야 할 약 봉지 하나를 입 안에 대충 털
어 넣고는 서너 대의 줄담배를 피웠다. '작업실' 한쪽 구석에 놓인 커피
믹스도 틈만 나면 마셔댔는데, 이를테면 커피가 식도를 지나 위장으로
그 찌릿한 기운을 퍼뜨려 아픔을 불러오기 전에 얼른 깊숙하게 들이마
신 담배 연기로 위약 효과적인 진통을 시도하는 격이었다. 우습게도 나
는 그것이 내가 세속의 한계를 벗어나지 않으면서 시도할 수 있는 유일
한 고행이라 여겼다. 마치 사랑을 갈구했으나 거절당한 이가 일상적 쾌
락, 예를 들어 먹고 마시고 노는 것 등에 엄격해짐으로써 스스로를 학
대하듯 행동하는 것이 실상은 사랑을 거절한 이에게 자기만의 은밀한
복수를 하려는 의도의 산물일 수도 있는 것과 비슷했다. 따지고 보면
수도승의 고행이라는 것도 결코 그 얼굴을 활짝 열어젖혀 보여주지 않

는 절대자나 진리에게 항의하는 시위이지 싶었다. 다만 꼬박꼬박 약을 챙겨 먹는 동시에 몸을 돌보지 않는 모순된 행동으로 드러내는 나의 시위가 그 누구 또는 그 무엇을 대상으로 삼은 것인지는 불분명했다.

경제원론 시간에 배운 한계생산물 체감의 법칙까지 작용하기 시작하여 파리 잡기는 도무지 진척이 없었다. 다른 모든 요인들이 고정 불변인 상태에서 노동투입량만 늘려가면 처음에는 생산량이 가파르게 증가하다가 어느 순간 변곡점을 지나면서 완만하게 증가하고 종국에는 정체되는 S자 모양의 곡선. 모든 생명체의 성장과 쇠퇴가 그것에 따라 움직인다는 로지스틱 곡선. 나는 이미 그 S자 곡선의 맨 꼭대기에 올라와 있었다. 사실 애초에 파리를 다 잡는다는 생각은 이미 내 머릿속에서 사라지고 없었다.

다행인 것은 설사 이 작업이 기적적으로 마무리되어 책이 나온다 해도, 그 어디에도 내 이름은 남지 않으리라는 사실이었다. 그 시절 사회과학 서적들은 대부분 '편집부'나 '김영민', '김민석'처럼 초등학교 국어책에 나올 법한 흔한 이름, 물론 가명으로 번역자를 표기했다. 때로는 멋을 부려 민중혁명의 준말이라 짐작되는 '민혁' 따위의 이름을 쓰는 경우도 있었다. 그것은 두 가지 이유에서 내게 위안이 되었다. 하나는 불온서적 번역에 대한 사법적 책임을 지지 않아도 된다는 이유에서, 다른 하나는 부실 번역에 대한 공식적 책임에서 면제된다는 이유에서.

진척이 더디기만 한 작업 때문에 새로 두 명의 팀원이 더 들어왔다.

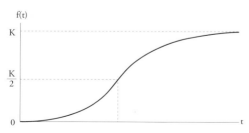

+
로지스틱 곡선.
경제학 교과서에 나오는
한계생산물 체감의 법칙도
이와 비슷한 모양으로 표시된다.

편집장이 꼬박꼬박 형이라 부를 정도로 나이 많은 남자는 바로 편집장과 잠자리 안경의 여자가 졸업한 대학에서 역사학을 전공하는 박사과정 학생이라고 했다. 사회과학 출판사나 운동권과는 전혀 어울리지 않게, 뽀얀 피부에 후덕한 몸집을 가진 또 다른 남자는 철학을 전공하는 대학원생이라고 자신을 소개했다. 역사학도는 번역에는 별 관심이 없어 보였다. 늘 아침부터 간밤에 마신 술 냄새를 풍기면서 해장을 해야 한다고 투덜거렸다. 그의 출신 대학, 그러니까 두 잠자리 안경의 출신 대학이기도 한 곳은 마초들로 가득하다는 오랜 평판 또는 편견으로 유명했고, 소문에 걸맞게 그는 대학원생이라기보다는 나이트클럽 기도(문지기)라 해도 믿을 만한 분위기를 지니고 있었으며, 무엇보다 그에 어울리는 말투와 어휘를 사용했다.

어느 날 개량한복이 철학도에게 물었다.

"저…… 주체사상 읽어보셨나요?"

"예. 약간은…….”

"근데 말이에요. 주체사상에서는 사람이 세상의 주인이라고 하잖아요? 그런데 만약에 사람보다 발달한 외계 생명체가 발견된다면, 그렇게 말할 수 없는 것 아닌가요? 철학적으로는 어떻게 볼 수 있는 건가요?"

"……”

약속된 70만 원의 급여는 지불되지 않았다. 개량한복은 당장 일용할 담배 한 갑 살 돈도 떨어진 눈치였지만 편집장에게 차마 돈 얘기를 꺼낼 용기는 없는 듯했다. 박 선배는 늘 그렇듯 사람 좋은 웃음을 지으며 꿋꿋하게 독일어판 《자본론》만 넘기고 있었다. 잠자리 안경의 여자는 내일 아침이면 원치 않는 사람에게 시집이라도 갈 듯한 우울한 표정을 하고 있었지만 언제나처럼 묻는 말에만 짧게 대답했다. 불규칙하게 나타나곤 하던 역사학도는 어느 순간부터인가 '작업실'에 나타나지 않았지만 아무도 그에 관해 묻지 않았다. 주체사상과 외계인의 관계를 진지하게 설명하던 철학도는…… 어찌 되었는지 기억이 나지 않는다. 이미 입영통지서를 받아놓았던 나는 급한 마음에 박 선배만 다그치다가 마침내 어느 날 참지 못하고 출판사로 달려갔다. 사장실 소파에 진을 치고 앉아 체불임금을 줄 것을 요구하며 사장이 나타나기를 기다렸지만 그는 오지 않았다. 그 대신에 편집장이 내 앞에 앉아 고르바초프와 소비에트연방의 미래에 관해 얘기했다. '작업실'을 그만둘 때까지 나는 결국 사장 얼굴도 보지 못했다.

6시쯤 되어 퇴근을 하면, 나는 재래시장통에서 대충 끼니를 때우고 압구정동으로 가는 좌석버스를 탔다. 그냥 버스보다 요금이 세 배쯤 비싼 좌석버스를 타는 것은 그 시절 내가 스스로에게 베푸는 몇 안 되는 친절 중 하나였다. 다른 한편으로 그것은 아버지가 한때나마 잘나가던 사업가였음을 보여주는 유일한 증표로 내 손에 남은 1972년산 롤렉스 금장시계만큼이나 어딘가 생뚱맞은 구석이 있는 사치이기도 했다.

사실 그 롤렉스가 아직 신형이던 시절, 아버지는 이미 생애 첫 파산을 경험했었다. 그것은 동시에 내게 삶이란 스스로 통제할 수 없는 외생변수들로 가득 차 있음을 알려준 첫 번째 체험이기도 했다. 내가 열 살 나던 해 봄, 무슨 혁명 어쩌고 하는 어마어마한 명칭의 시국 사건이 일어났다. 신문 일면을 도배하다시피 했던 사건 기사에는 커다란 조직도가 함께 실렸는데, 아버지의 이름은 나도 아는 아버지 친구들의 이름과 함께 바로 그 조직도의 한 칸을 차지하고 있었다. 영락없는 범죄자 몰골의 아버지 사진 위엔 '資金策'이라 쓰여 있었는데, 한자를 읽을 수 없었던 나는 어디서 주워들었는지 그게 하여튼 돈이랑 관련된다는 사실만은 알아차렸다. 그렇게 갑자기 자취를 감추었던 롤렉스는 계절이 바뀌고 나서야 초췌한 모습으로 홀로 돌아왔고 자신의 주인이 사회로부터 격리되어 있던 오랜 시간 동안 집 안 어느 구석엔가 유폐되었다. 어느 해 크리스마스 날 아침, 롤렉스의 주인은 회색 바랑 비슷한 걸 둘러메고 나타났다. 책들로 가득 찬 바랑 안에는 여러 장의 건빵 봉지를 겹친 데다 왁스를 먹여, 손수 만든 것이라고는 믿기 어려울 정도로 튼튼하고 매끈한 안경집 하나가 들어 있었다. 롤렉스와 안경집은 뭔지 모르지만 묘하게 서로 통하는 구석이 있었다.

20대 청년이 차고 다니기엔 여러 모로 적절하지 않았으나 어쨌든 롤렉스가 새 주인을 무척 마음에 들어하는 눈치였으므로 나는 그냥 내버려두기로 했다. 롤렉스는 특히나 '작업실' 안에서는 마치 스무 살짜리 여대 신입생의 어울리지 않는 진한 화장처럼 자꾸만 내 신경을 건드렸다. 그런데 좌석버스에 올라타는 순간 신기하게도 그런 어색함은 사라지곤 했다. 며칠만 지나면 어김없이 1분가량 늦어지고 마는 수동식 롤렉스의 태엽을 돌려 시간을 맞추는 것도 좌석버스 안에 걸린 전자시계를 보면서였다.

한강 다리 남단 바로 앞에 있는 아파트에 도착하면 중학생 제자가 앉은뱅이책상에 수학 참고서를 펴놓은 채 나를 기다리고 있었다. 제자의 어머니는 어느 대학에서 하필이면 독문학을 가르치는 교수였는데, 나이가 한참 어린 내게 항상 깍듯이 선생님이라고 부르며 존댓말을 썼다. '작업실'에서 나와 '선생님'으로 변신하는 순간, 정확하게 말하자면 더 위를 좇기 위해 반쯤 열어놓은 차창 사이로 윙윙거리는 소리가 점점 커지면서 좌석버스가 남산터널로 빨려 들어가는 순간, 비록 둘 다 불법이라는 점에서는 차이가 없었으나 나는 왠지 내 자리를 찾아 되돌아간다는 느낌이 들었다. 그럴 때면 나는 한쪽 팔을 창문 밖으로 내밀고는 오므린 손바닥이 앞을 향하게 했다. 소설가가 가르쳐준 바에 따르면, 빠른 속도로 달려와서 손아귀에 부딪히는 바람의 부드러우면서도 묵직한 존재감은, 온기가 없다는 점만 제외하면, 살며시 솟아오른 여인의 젖가슴을 감싸 쥐는 느낌과 똑같은 것이었다.

선생님으로 변신하는 화요일과 금요일 이틀을 제외하면, 회사원들로 가득 찬 만원 버스로 한 시간 넘게 걸리는 위성도시까지 귀가하기란 결코 수월한 일이 아니었다. 나는 근처의 극장에서 때로는 홍콩 누아르를, 때로는 에로 영화를 보면서 러시아워가 지나기를 기다렸다. 스크린 양쪽에 '정숙'과 '탈모'라는 커다란 글자가 새빨간 형광 불빛을 머금고 있던 영화관 안 곳곳에서는 관객들이 담배를 빨아들일 때 생기는 불빛이 반딧불처럼 반짝거렸고, 반딧불이는 다시 희푸른 연기로 탈바꿈하여 허공으로 모락모락 피어올랐다. 영화도 시큰둥해지는 날이면 나는 다시 '작업실'로 돌아가 텅 빈 방 안에 놓여 있는 《자본론》들과 빨간색 교정부호로 뒤덮인 파리 떼 사이에서 신문을 읽거나 담배를 피웠다.

"학교로 다시 돌아갈 수 있을까?"

자신이 없었다.

그 시절 내 인생에 주어진 유일한 보너스는 '부선망독자父先亡獨子'라는 법률적 명칭을 부여받으면서 군복무를 단 여섯 달간의 방위병 근무, 이른바 '육방'으로 때울 수 있게 된 것이었다. 나는 그것이 너절하지만 내가 누려 마땅한 보상이라 받아들였다. 그저 여섯 달 동안 일을 할 수 없을 테니 미리 돈을 많이 벌어두어야 한다는 생각뿐이었다.

대학 시절 친했던 친구들은 군대에 있거나 행정고시 재경직을 준비하거나 미국으로 유학을 떠났다. 가끔 그들을 만나면 내가 무슨 일을 하느라 매일 출근하는지 자세하게 설명하기 어려웠다. 아니, 그보다는 귀찮았다. 마치 어디에선가 우연히 10여 년 만에 만난, 딱히 친했다고도 할 수 없는 중학교 동창생에게 그다지 관심도 없는 지난 세월에 일어난 일들을 묻고 들어주며 맞장구를 쳐주어야 하는 것과도 같았으므로. '작업실'의 다른 멤버들처럼 나는 점점 내 사생활에 관해 말수를 줄여갔다.

미국에서 경제학을 공부하던 친구가 여름방학을 맞아 귀국했다. 우리 둘은 술에 취한 객기로 이태원에 처음으로 갔다. 택시 기사가 이태원의 모든 것이 시작되는 곳이라며 내려준 소방서 앞에서 우리는 나이트클럽을 찾아 들어갔고 스트립쇼를 구경했다. 벌거벗은 무희가 우리 테이블 앞으로 다가와 야한 춤을 추었고, 나는 무희의 검은색 가죽 가터벨트 사이로 5000원짜리 지폐 한 장을 끼워주었다. 다른 테이블로 옮겨가는 무희의 허벅지 위로 10원짜리 동전 크기의, 퍼런색 너머 언뜻언뜻 누런 빛깔이 비치는 멍 자국 두 개가 눈에 띄었다. 그것은 대학원에 들어온 뒤로 발길을 끊은 당구장에서 틈만 나면 큐대를 집어넣고 쑤셔대던 닳아빠진 초크 색깔과도 같았다.

클럽을 빠져나왔을 때 우리 또래의 젊은 남자 삐끼가 다가왔고 그의 손에 이끌려 뒷골목의 작은 술집으로 들어갔다. 지하실 특유의 쾨쾨한 냄새를 감추기 위해 뿌린 싸구려 방향제 탓에 머리가 지끈거리던 그곳. 나보다 어려 보이는 여자 종업원 둘이 옆에 앉아 담배를 한 개비씩 피우고 일어났다. 그리고 국산 양주 한 병이 얼핏 보이다 사라지는 것 같더니, 얼마 지나지 않아 웨이터가 20만 원짜리 계산서를 들고 나타났다. 바가지라고 항의하는 순간 웨이터보다 훨씬 더 건장하고 험상궂게 생긴 청년 서넛이 우리를 거칠게 둘러쌌다. 어쩔 수 없이 친구의 신용

카드를 내밀었으나 웨이터는 시카고의 체이스 맨해튼 뱅크에서 만든 카드가 이태원의 술집에서 지불수단으로서의 기능을 제대로 수행할 수 있다는 사실을 전혀 이해하지 못했다. 실은 명색이 경제학도인 나도 완벽하게 이해하고 있는 것은 아니었다. 그러나 만취한 친구를 대신해 나는 웨이터에게 그 신묘하기만 한 글로벌 금융 메커니즘의 작동 방식에 관해 거의 절망적으로 되풀이해서 설명해야만 했다.

새벽이 되면서 이태원 골목을 간신히 빠져나와 친구와 헤어졌으나 시외인 집으로 향하는 대중교통 수단은 아직 없었다. 나는 하릴없이 '작업실'로 향했다. 로터리 고가도로 밑의 극장에는 〈그 여자의 숲〉이라는 에로 영화의 포스터가 걸려 있었다. 그러나 조조 상영시간이라도 되려면 대여섯 시간은 족히 기다려야 할 터였다. 결국 '작업실'로 기어들어간 나는《자본론》과 파리 떼가 어지럽게 펼쳐진 탁자 위에 올라가 몸을 눕혔다. 높은 베개를 좋아하지 않는 내게《자본론》제1권과 제3권은 너무 두꺼웠지만 제2권은 적당한 두께였다. 파리 떼를 지나쳐간 내 눈길은 대충 발라진 싸구려 벽지의 푸르스름한 빛깔 위에 머물렀다. 거기엔 어린 시절 부잣집 아들인 친구의 하늘색 방에서 보았던 환등기의 슬라이드 같은 정지 화면이 차례차례 떠올랐다.

카페였을까? 호프집이었을까? 칵테일 잔에 든 스크루 드라이버였을 수도, 500cc 잔에 든 생맥주였을 수도 있다. 적당히 취기가 오른 나는 옆자리에 앉아 있는 그녀의 등 뒤로 왼손을 두른 채, 왼손으로 그녀의 어깨를 감쌀 것인지 말 것인지 한동안 망설인다. 내가 닿은 것이 먼저였을까? 아니면 옆으로 기울어진 그녀의 짧은 머리카락이 내게 먼저 닿은 것이었을까? 약간의 정적. 나는 고개를 돌려 그녀의 입술 위로 내 입술을 갖다 댄다. 더 이상 가까이 갈 수 없는 지점. 다시 한 번 망설임이 나를 기다리고 있었다. 우리는 침묵 속에서 말로는 도저히 표현할 길이 없는 수많은 기호들, 그러나 끝끝내 통약 불가능한 그 기호들을 주고받는다. 그리고 깊숙한 입맞춤. 순간 환등기의 불빛이 갑자기 사라져버렸다.

내 눈에는 이제 파리 떼만 보인다. 파리 떼 사이로 언젠가 그녀를 소스라치게 했던 바퀴벌레 한 마리가 기어갔다. 미처 다 쳐지지 못한 커튼 사이로 어스름하게 밝은 빛이 스며들어올 때까지 한참을 누워 있었지만 잠은 오지 않았다. 마치 누워 있는 내 모습을 또 다른 내가 옆에 서서 지켜보고 있는 듯한 느낌이었다. 아마도 내가 20년쯤 뒤에나 나오게 될 무라카미 하루키의 《1Q84》를 그때 미리 읽을 수 있었더라면 그날 새벽은 1Q84라는 '패럴렐 월드parallel world'에서 1984년이라는 현실의 세계로 되돌아오는 순간이라 생각했을지도 모른다. 물론 그 반대라도 상관없었다.

1984, 아니 1988의 세계로 되돌아온 내가 제일 먼저 찾은 곳은 해 뜨는 시각에 맞춰 문을 연 동네 목욕탕이었다. 나는 바닥에 지도의 온천 기호가 그려져 있는 욕실용 바가지 두 개를 포개어 엎은 뒤 그 위에

한쪽 발을 올려놓고 탈의실 평상에 앉아 담배를 피웠다. 대충 비벼 끈 꽁초를 휴지통에 넣고 나서 욕탕에는 들어가 보지도 않은 채 옷을 챙겨 입고 일어섰다. 목욕탕 현관을 빠져나올 즈음, 때밀이 청년이 골목길까지 따라나와 불이 붙어버린 휴지통에 물을 들이부으면서 나를 향해 육두문자를 내뱉었다.

그로부터 며칠 뒤, 나는 '작업실'을 떠났다.

내 마음의
마르크스주의자

입영 예정일은 12월 말이었으므로 내게는 아직 시간이 남아 있었다. 돈을 더 벌어야 한다는 뜻이기도 했다.

나는 합정동 언덕배기에 있던 '폭력전과 1범' 선배가 일하는 출판사를 다시 찾았다. 아예 출퇴근을 하면서 '신식민지 국가독점자본주의' 시리즈를 번역하라는 일감이 주어졌다. 나는 '작업실'에 나가듯, 매일 아침 합정동으로 향했다. 선배가 '윤 마담'이라 부르던 나이 많은 여자는 주로 일본어 교열을 담당하는 편집자였다. 사회학과 석사 출신이라는 사장 형과도 친해졌다. 사장 형은 대학가 서점에서 신간이 압수되었다는 전화가 걸려오면 며칠 동안 자리를 피하기도 했고 경찰서에 불려갔다 오기도 했다. 선배의 검수는 여전했지만 다행스럽게도 내 원고의 인정률은 조금씩 올라갔다. 부족한 일손을 돕기 위해 다른 원고의 교열을 보기도 했다. 윤 마담에게서 '미다시'니 '하시라'니 하는 일본식 출판 용어도 배웠고, 영어를 병용해서 표기할 때는 한글보다 활자 포인트를 약간 작게 해줘야 예쁘다는 사실도 알게 되었다. 입영하기 며칠 전 마지막으로 출판사에 출근했을 때 윤 마담은 미리 머리를 박박 깎은 나를 보자 인상이 훨씬 나아 보인다며 깔깔거렸다. 윤 마담의 웃음소리가 편집실 한가운데 놓인 난로의 연통을 타고 천장으로 올라가며 맑게 울려 퍼졌다. 그것은 통화할 때면 전화선 저편에서 순식간에 이편으로 넘어와 내 마음속으로 파고들던, 헤어진 그녀의 웃음소리와도 닮은 것이었다.

압구정의 독문과 교수님은 내 제자의 수학 성적이 급격하게 올라가서 고맙다며 내가 한 달간의 입영 훈련을 마치고 돌아올 때까지 기다렸다가 방위병 근무가 없는 주말 시간을 비워주겠다는 고마운 제안을 했다. 아마도 박 선배의 노력 덕에 '작업실'로부터는 원래 받기로 한 만큼은 아니었으나 제법 많은 돈이 입영 직전의 내게 전달되었다.

훈련소에서 내무반장은 훈련병들이 사회에서 무슨 일을 하다 왔는지 조사했다. 대학원생이었다는 내 답변에, 그는 왜 궁금한 건지는 알 수 없었으나 어떻게 먹고살았는지를 물었다. 나는 독일어 번역 일을 했다고 대답했다.

4주 동안의 훈련을 마치고 국방부 산하 조달본부에 '행정병'이라는 명목으로 배속된 나는 복사와 커피 심부름하기, 공문 수발하기, 지붕 위에 올라가서 페인트칠하기, 잡초 뽑기 등을 하며 '병역 의무'를 수행했다.

새벽 5시 반이나 되었을까? 이른 출근길, 채 난방도 되지 않은 첫 버스에서 내리면 아직도 캄캄한 거리 한편의 여자고등학교 옆에 구멍가게 하나가 열려 있었다. 150원을 얹어 내면 끓인 물과 한 종지의 김치를 주는 그곳에서 사발면 한 개를 국물까지 남김없이 먹어야 겨우 몸이 더워졌다. 가게 앞의 횡단보도를 건너 미군 부대 담장을 끼고 언덕길을 오르다가 평준화 이전 꽤나 명문이었다는 남자고등학교를 바라보며 오른쪽으로 돌아 500미터쯤 더 가면 본부가 있었다. 그 길을 최대한으로 늘려 천천히 걸어가는 15분 남짓한 시간 내내 나는 그녀에게 새로울 것도 없는 소소한 일상을, 그 비릿한 느낌을 얘기했다.

그녀는 이미 내 곁에 없었다. 애초부터 우리 둘은 서로 다른 시공간에 존재하다가 여러 우연이 겹쳐 잠깐 동안 같은 시공간에 존재하게 되었던 것이고, 이제는 각자 속한 원래의 시공간으로 돌아가버린 것이었다. 그러나 그녀는 말을 거는 대상으로서는 여전히 내 마음속에 자리잡고 있었다. 현실에서는 끊임없이 움직여서 붙잡을 수 없으나 머릿속에서는 늘 그 자리에 고정되어 움직이지 않는 사람. 말하자면 그것은 부재함으로써만 존재하는 역설이었다. 그 역설의 한 측면인 부재에 초점을 맞추면 슬픔이었지만 다른 한 측면인 현존에 초점을 맞추면 왠지 마음이 편해지는 것도 같았다. 이를테면 이미 죽은 그 누군가가 아직 내 곁에 있다고 믿는 것, 그것은 그 반대 상황, 그러니까 아직 죽지 않은 그 누군가가 마치 이 세상에는 더 이상 존재하지 않는 것처럼 여기고 행동하는 것보다는 그나마 덜 서글픈 일이었으므로.

그런데 그녀에게 계속 말을 걸고 있으면 가슴이 아리다가 먹먹해지면서 우리가 서로 사랑한 것이었는지 사랑한다고 믿었을 뿐인지, 심지어는 그 깊은 입맞춤을 실제로 나눈 것인지 나누었다고 믿는 것인지조차 헷갈리기 시작했다. 신경성 위염처럼 간헐적으로 명치끝을 후벼 파는 그리움마저 그녀를 향한 것이 아니라 사랑이라는 감정 그 자체에 대한 그리움인 듯 여겨졌다. 아니, 어쩌면 그건 사랑한다고 믿었던 기억에 대한 그리움인지도 몰랐다. 논리를 극한까지 밀어붙이자면, 실은 그리워하기 위해서, 즉 그리워해야 할 그 무엇이 필요하여 사랑했다는, 아니 사랑했다고 믿었던 기억을 자꾸 만드는 것만 같았다. 이런 생각을 하다 보면 어느새 나는 "충성"이라는 구호와 함께 거수경례를 붙이며 위병소 앞을 통과하고 있었다.

매주 토요일이면, 나는 20년째 군속 잡역부로 일하고 있다는 최씨 아저씨와 함께 트럭을 타고 난지도에 가서 지난 한 주일 동안 본부 전체에서 수집된 쓰레기를 버렸다. 마치 공상과학 영화에 나오는 핵전쟁으로 멸망해버린 지구처럼 엄청난 쓰레기 더미가 수많은 산봉우리를 이루고 있고 자욱한 연기와 시큼한 냄새가 가득 찬 곳. 할리우드 영화에서 으레 폐허를 헤집고 나타나는 영웅은 그러나 그곳에는 없었다. 핵폭발의 잔해 속에서 나는 트럭 짐칸에 쌓여 있는 쓰레기들을 끌어내렸다. 피가 채 덜 말라 있는 생리대가 군화 밑창에 달라붙으면 깨금발을 딛고 서서 털어내야 했다. 그럴 때면 신기하게도 어디에선가 무수한 파리 떼

1990년경에 촬영된 난지도의 모습.
1992년까지 이곳은 서울시 쓰레기 매립장이었다.

가 소용돌이치듯 몰려왔다. 나는 문득 '작업실'의 파리 떼를 떠올렸다.

방위병에 얽힌 자학적이고 흉흉한 소문과는 달리 도시락을 싸들고 다닐 필요가 없다는 것은 그나마 위안이었다. 아르바이트를 하는 야간 고등학교 여학생들이 에이프런을 두른 채 서빙해주는 장군 식당 바깥쪽, 칸막이로 분리된 넓은 홀에서 대령 이하의 모든 군인들, 그러니까 현역병과 방위병까지 한데 모여 밥을 타 먹었다. 적어도 식사 시간, 장군 앞에서는 대령도 이등병과 같은 식판을 써야 하는 '아랫것들'에 지나지 않았다.

나는 본부 안에서 곧 명문대 대학원을 다니다가 온 '인텔리'로 널리 알려지게 되었다. 어느 날 점심 시간, 장군 전용 사우나에서 기관병으로 일하고 있던 고참 하나가 밥을 먹고 있는 내 옆으로 슬그머니 식판을 옮기며 다가와 앉았다. 그는 시내의 어느 사립대학에서 금속공학 석사 학위를 받은 뒤 미국 유학을 준비하고 있었으나 6개월의 훈련만 거치면 소위로 임관하는 동시에 바로 제대한다는 뜻으로 우리가 '육개장'이라 불렀던 '특수 전문 요원' 선발 시험에 낙방하는 바람에 늦은 나이의 현역으로 입대했다고 들었다.

"있잖아. 페레스트로이카를 어떻게 봐야 하는 거냐?"

"……"

"사회주의가 정말로 망하는 건 아니겠지?"

나는 잠시 망설였지만 곧 형식적인 군인 말투를 버리고 학교 선배에게나 쓸 법한 부드러운 문장으로 대답했다.

"더 많은 사회주의로서의 페레스트로이카라는 말이 있거든요."

공학 석사는 "그렇지?"라고 반색하며 인생의 첫 스텝이 꼬여버린 나이 든 현역병답지 않게 천진난만한 웃음을 지어 보였다. 공학 석사의 평퍼짐한 얼굴 위에 얹혀 있는 금테 안경알 위로 뭔가 기분 나쁜 웃음을 짓던 잠자리 안경의 편집장 얼굴이 겹쳐졌다.

운 좋게 일찍 퇴근하는 날이면 방위병들은 재수 학원생들로 가득 찬 전철역 근처의 디스코텍으로 향했다. 나는 무리에서 빠져나와 시내버스를 탔다. 버스는 충정로역 입구, 그러니까 '작업실' 골목 어귀를 통과하여 신촌의 여자대학 앞을 지나 합정동에 닿았다. 어둠이 짙게 내려앉은 시간에도 출판사에는 항상 불이 켜져 있었다. 폭력전과자, 아니 편집장 선배는 사장 형과 난롯가에 마주 앉아 김치찌개에 소주를 마시거나 윤 마담과 함께 야근을 하고 있었다.

"밥은 먹었냐? 온 김에 교정이나 봐라."

군인에서 민간인으로 돌아오는 그 짧은 저녁에 왜 출판사로 갔는지는 나도 잘 모른다.

출퇴근길 내 옆구리에는 늘 《마르크스와 민족문제》라는 일본어 책이 끼워져 있었다. '마르크스'라는 단어가 일본어(マルクス)로 표기되어 있었으므로 동료나 상관들은 그것이 감히 불온서적인 줄은 짐작도 하지 못했고, 그저 내가 진짜 '인텔리'임을 증명하는 품질검사필 도장 정도

로만 여기는 듯했다. 나는 차츰 경외심을 감추려 애쓰는 것 같은 주위 사람들의 눈빛을 은근히 즐기게 되었으며, 다른 한편으로는 마치 마리화나를 담뱃갑 속에 감추고 다니기라도 하는 듯한 내밀하면서도 아슬아슬한 쾌락에 익숙해졌다. 그 쾌락은 바로 '국민학생'이던 시절, 등하굣길 학교 뒷골목에서 늘 술에 절어 코가 빨갛던 아저씨가 연탄불에 구워 팔던 '쫀드기', 그 불량식품의 오묘한 맛과도 같았다. 연탄구멍 위에서 오그라들던 붕장어 껍질처럼 생긴 그것, 맛있으니까 불량함에도 사먹는 건지, 아니면 거꾸로 불량함 때문에 맛있게 느껴진 건지 알 수 없던 그것.

그러나 제대로 읽을 시간도 없으면서 책을 끝끝내 몸에 지니고 다닌 것은 실은 '작업실'에서 압구정으로 넘어가던 좌석버스 안에서 '선생님'으로 변신할 때의 그 느낌, 비루하고 음침한 세상을 벗어나 밝고 명쾌한 세상으로 나가는 듯한 그 기분을 다시 한 번 느껴보고 싶었기 때문이다. 말하자면 그것은 '작업실'의 자리는 '방위병'이, '선생님'의 자리는 '인텔리'가 차지하는 또 하나의 새로운 메타포였다.

시큼한 냄새가 유달리 심해졌던 어느 초여름 날, 최씨 아저씨는 작업복 윗주머니에 얌전하게 들어 있던 하얀 종이 봉지에서 알약 몇 개를 꺼내더니 내게 불쑥 내밀었다. 20여 년 전, 아침마다 베레모를 쓰고 유치원에 갈 때면 어머니가 내 손에 쥐어주던, 씹으면 구수한 맛이 나던 '원기소'처럼 생긴 소금 덩어리였다. 바로 그때 내가 '육방'이라는 사실,

그래서 어쩌면 오늘이 내 생애 마지막 난지도일지도 모른다는 것, 그리고 더 이상은 일사병을 걱정할 만큼 땀 흘릴 일도 없을 거라는 사실을 고백해야 한다는 생각이 들었다. 그러나 난 결국 말하지 못했다.

그렇게 여섯 달 동안의 짧은 방위병 복무를 마치고 나는 학교로 돌아갔다.

그사이 우리의 투쟁은 결실을 맺어 국립 서울대학교 최초의 마르크스 경제학 교수가 임용되어 있었다. 나는 그를 새로운 지도교수로 정하고 《자본론》을 훈고학적으로 해석하는, 정직하게 말하면 일본 학자들이 해석해놓은 내용을 적절하게 짜깁기한 석사 학위 논문을 제출했다. 그해 가을 석사 논문 제출자 40여 명 중 열댓쯤 되는 학생들의 논문에는 마르크스, 레닌, 독점자본주의, 제국주의, 사회주의 등의 키워드가 들어갔다. '작업실', 아니 그 본부인 출판사는 내가 학교로 돌아간 1989년, 그리고 그다음 해에 연이어 《자본론》 제2권과 제3권을 번역 출간함으로써 한반도 남쪽 최초의 《자본론》 완간 기록을 남겼다. 번역자는 편집장이 졸업한 대학교의 경제학 박사 수료자 이름으로 되어 있었다. 그 많던 '작업실'의 파리 떼는 어떻게 처리되었는지, 실명을 내건 번역자는 얼마나 성능 좋은 무기를 갖고 있었는지 몹시 궁금했지만 나는 그 책들을 사지는 않았다. 내 지도교수가 1989년에 독자적으로 《자본론》 제1권을 번역 출간했고, '작업실'보다 몇 달 늦게 제2권과 제3권을 완간했기 때문이기도 했다. 서울대학교 교수가 번역한 탓인지, 아니면 사회 분위기가 바뀐 탓인지, 《자본론》은 어느새 금서 목록에서 빠졌고 심지어는 시내 대형 서점에서 쉽게 살 수도 있게 되었다. 몇 년 뒤부터 대학원에 들어오는 후배들은 더 이상 어설픈 일본어 공부를 하지 않았다. 학교 앞 복사점에서 간첩들이 접선하듯 《자본론》을 몰래 복사해서 나눠 가질 필요도 없어졌다.

1930년대 식민지 조선의 방직공업 노동운동에서 마르크스의 원전 해석으로 학위 논문 주제를 극적으로 바꾸기는 했으나 내가 마르크스주의자인지 아닌지는 나도 잘 몰랐다. 다만 그 당시 어느 시니컬한 선배가 말한 것처럼 그저 '마르크스학Marxology'을 하는 사람이거나, 굳이 갖다 붙이자면 사회에서 규정하는 방식의 '마르크스주의자'가 아니라 '내 마음의 마르크스주의자'일 거라 편하게 생각하기로 했다. 지나고 보니 과히 나쁜 생각도 아니었던 것이, 마르크스주의자로서 가장 안전하게 사는 방법은 골방에서 혼자만의 마르크스주의를 고수하는 것, 그리고 마르크스주의자임을 드러냄으로써 다른 사람들을 불편하게 만들 소지가 있는 시간과 장소에는 아예 나타나지 않는 것일 터였기 때문이다. 하물며 스스로가 마르크스주의자인지 아닌지조차 분간이 안 되는 상태라면 더더욱 그러할 것이었다. 사실 마르크스주의자임을 증명하기보다 마르크스주의자가 아님을 증명하는 것이 어떤 의미에서는 훨씬 더 어려운 일이었다. 전자를 위해서는 한 번의 선언으로 족했지만 후자를 위해서는 매 순간, 매 장소에서 끊임없이 다른 방식으로 선언을 반복해야 했기 때문이다.

어쨌거나 내가 되돌아온 대학원 세미나에서 《자본론》에 보면 말이야" 하는, 예의 권위 있는 말을 남들 눈치 보지 않고 떳떳하게 할 수 있게 된 것은 '작업실', 또는 1Q84의 세계에서 보낸 1988년 여름 덕분인 것만은 틀림없었다.

그리고 또 하나 중요한 것. 나는 고통스러운 시간을 버티는 내 나름의 이론을 터득했다. 내 앞에 주어진 시간을 수천 개의 레고 조각으로 만들어진 아주 기다란 막대라 생각하고, 그 조각들을 열 개 정도씩 뭉뚱그려 하나의 커다란 조각으로 만든다. 그러면 레고 조각의 숫자는 단박에 몇 백 개로 줄어든다. 다시 그렇게 뭉뚱그려진 커다란 조각 열 개를 모아 또 하나의 더 커다란 조각으로 만들면, 레고 조각의 숫자는 몇십 개로 줄어든다. 이제 새로운 레고 조각, 그러니까 시간의 새로운 단위는 원래 시간 단위의 100배쯤으로 농축된, 밀도 있는 것으로 변해버린다. 물론 밀도가 높은 시간을 견디기란, 그렇지 않은 시간을 보내기보다는 힘들고 지겨웠다. 그렇지만 하나의 레고 조각을 통과하고 나면 그것이 얼마나 길고 큰 조각이었건 간에 다 지나가버렸다는 기억만 훈장처럼 가슴에 남을 터였다. 이를테면 여든을 살고 죽으나 스물도 못 채우고 죽으나 죽는 사람에게는 죽기 직전에 돌이켜보는 삶의 레고 조각들이 그 길이나 밀도에 있어 별반 차이가 없을 것처럼. 물론 이론은 어디까지나 이론일 뿐 실천은 쉽지 않았다. 혁명 이론 없는 혁명적 실천은 맹목적이고 혁명적 실천 없는 혁명 이론은 공허하다고 레닌이 말했다던가. 그러나 어쩔 수 없이 둘 중 하나를 골라야만 한다면 공허가 맹목보다는 나을 것이다.

가끔은 레고 조각의 일부를 건너뛰거나 뒤에 놓인 레고 조각들을 앞에다 갖다 끼웠으면 무슨 일이 벌어졌을까라는 생각도 했다. 박 선배를 만나지 않았더라면, 만났더라도 '작업실'에 가지 않았더라면, 좌석버스의 운행 경로가 '작업실'에서 '선생님'으로가 아니라 '선생님'에서 '작업실'로였더라면, 이태원 뒷골목에서 삐끼의 꾐에 넘어가지 않았더라면, 국민은행 이태원 지점에서 만든 카드를 시카고의 바에서 내민 것이었더라면……. 그러고 보면 운명철학이란 결국 수천 개 레고 조각들의 조립 매뉴얼 같은 것일지도 몰랐다. 꼼짝달싹 못하도록 미리 정해져 있다는 의미에서가 아니라 조립을 마쳐본 사람만이 비로소 제대로 된 매뉴얼을 만들 수 있듯이 지나고 보면 자연스럽게 깨닫는 것.

그렇지만 운이 좋거나 그 어떤 예상하지 못한 우연으로 꼼꼼하고도 무서운 편집장 선배의 눈길만 피할 수 있다면 레고 조각들 중 몇 개를 몰래 버리거나 슬쩍 다른 레고 세트의 조각을 끼워 넣어도 무방할 것이다. 그러면 우리가 갖는 레고 조각들의 조립 매뉴얼은 약간이나마 바뀌게 된다. 아마도 그것이 우리 인간들이 발휘할 수 있는 자율성의 최댓값일 것이었다. 그것은 비록 보잘것없고 견딜 수 없이 가벼운 것이지만, 그러나 우리에게 주어진 유일한 희망일 터였다.

+

1988년 2월 25일, 군사 쿠데타의
주역인 노태우는 제13대 대통령에
취임한다. 그가 내건 슬로건은
"위대한 보통 사람들의 시대"였다.
같은 해 9월 17일, 잠실 종합운동장에
서 서울 올림픽 개막식이 열렸다.
평화의 상징으로 동원된 비둘기들이
성화에 타 죽는 해프닝이 세계의
시청자들에게 생중계된다. 나는 그해
여름을 온전히 '작업실'에서 보냈다.
그렇게 1988년은 내 기억 속에서
몇 가지 이미지들의 맥락 없는 연결
또는 희미한 몽타주로 재현된다.
위대한 사랑조차도 기억의 잔해로
남을 뿐이라는 밀란 쿤데라의 말처럼.

새로운
말들

　시간은 나의 맹목이나 공허, 레고 조각 하나하나의 크기 따위에는 관심조차 없었다. 시간이 지나간다는 말은 동어반복이었다. 지나가지 않은 시간이란 아무런 변화도 일으키지 않을 것이므로. 시간은 운명이기도 했다. 미시적 시간이 켜켜이 쌓인 것이야말로 거시적 운명의 다른 이름에 지나지 않을 것이므로. 시간과 맞서 싸우려는 시도는 부질없는 것. 역시나 다가오는 시간을 버텨내는 것이 슬기로운 선택이었다.

　그렇게 동어반복 또는 운명이 거듭되는 사이에 많은 일이 있었다.

　고참병 공학 석사와 내가 함께 앉아 밥을 먹던 시점으로부터 채 3년도 지나지 않았을 때 페레스트로이카는 최소한 "더 많은 사회주의"는 아니라는 사실이 불가역적으로 입증되었다. 잘나가기로 다섯 손가락 안에 꼽히던 어느 사회과학 출판사의 대표는 미국 유학을 다녀온 뒤, 서울 시내 대학의 정치학 교수가 되자 뉴라이트의 이론가로 몸을 우뚝 일으켜 세웠다. 내가 '작업실'에서 일하던 무렵 동독에서 나온 정치경제학 교과서를 번역했던 또 다른 뉴라이트 교수는 "철없던 시절의 방종"에 대해 자기반성하는 글을 어디엔가 실었다.

그해 여름으로부터 정확하게 10년 뒤, 나는 우여곡절 끝에 지방 소재 국립대학의 경제학 교수가 되었다. 그것도 한국에는 얼마 남지 않은 마르크스 경제학을 가르치는 정규직 교수들 중 하나였다.

나와 함께 마르크스를 키워드로 삼아 석사 논문을 썼던 동료들은 뿔뿔이 흩어졌다. 누구는 펀드 매니저가 되었고, 누구는 재벌계 경제연구소의 애널리스트가 되었으며, 누구는 MBA가 되기 위해 미국으로 갔다. 언제였던가, 그들 중 하나로부터 이메일을 받았다.

"대부분의 사람들에게 이념이란 TPO^Time, Place, Occasion에 따라 바꿔 매는 넥타이 색깔 같은 것일 뿐. 그 무거움, 이제 그만 내려놓길."

그러나 내려놓아서 가벼워지는 것이라면 '작업실' 탁자 위의 파리 떼 사이에 몸을 눕혔던 그 새벽, 또는 제대로 끄지 않고 버린 담배꽁초 때문에 욕을 먹던 그 골목길에서 나는 이미 충분히 가벼워졌다. 어쩌면 처음부터 내려놓아야 할 그 무엇도 없었다. 아니, 그렇게 쉽게 내려놓을 거라면 처음부터 다가가지도 않았을 것이다.

'14동 애들' 중 둘인가 셋인가는 지역구 또는 비례대표로 여당 국회의원이 되었다. 운명의 논리를 따르자면 그들이 뭐라 불렀는지 모를 우리 중에 야당 국회의원이라도 하나 나올 법하지만 그런 일은 적어도 아직은 일어나지 않았다. 그래도 뉴라이트가 된 이는 없다는 것이 다행이라면 다행이었다. 아니, 전혀 없는 건 아니었다. 대학원 주임교수 앞에서 시간 강의에 아무런 문제가 없다고 일갈했던 박사 과정 선배는 '식민지 근대화론'의 전도사가 되어 여기저기에서 심령 부흥회를 열고 다녔다.

합정동 출판사의 사장 형은 몇 명 되지도 않았던 직원들과 마찰을 빚으면서 "좌익 상업주의에 물들어 노동자를 착취하는 악덕 자본가"로 비난당하고 어딘가로 사라졌다고 했다. 중간관리자였던 편집장 선배도 아마 적지 않은 고초를 겪었을 것이다. 나는 교수가 된 뒤로도 한참 동안 그 선배가 "밥은 먹었냐? 온 김에 교정이나 볼까?"라고 말하며 불쑥 나타나 내가 쓰는 논문을 검수해주면 얼마나 좋을까라는 엉뚱한 상상을 하곤 했다. 내가 릴케를 읽던 시절 홀연 사라졌다가 다시 나타났던 것처럼. 그나저나 그 악덕 자본가와 노동자들 사이에 싸움이 벌어졌을 때 내게 갖가지 교정부호나 용어를 친절하게 가르쳐주곤 했던 윤 마담은 어느 편에 섰을지 무척 궁금했지만 물어볼 데가 없었다.

박 선배는 나보다 훨씬 더 오래 '작업실'에 머물렀을 테니 파리 떼의 행방에 관해 뭔가 알고 있을 것이었으나 경제학과 대학원으로는 다시 돌아오지 않았다. 뒤늦게 한의과대학에 들어갔다는 풍문을 들은 지 몇 년 만이었을까, 드디어 한의사가 된 그는 어느 날 내가 근무하는 대학으로 찾아왔다. 우리는 함께 저녁을 먹고 술을 마시며 아토피 치료법에서부터 인문학의 위기에 이르기까지 폭넓은 화제를 다루었지만 '작업실'에 관해서는 한마디 말도 나누지 않았다.

잠자리 안경의 편집장은 독립하여 자신의 출판사를 차렸다. 그가 건축이었는지 미술이었는지, 하여튼 사회과학과는 무관한 새로운 분야에서 활약하는 전도유망한 출판인으로 인터뷰한 사진이 신문에 실린 것도 그즈음이었다.

친한 선배의 신혼 집들이에 갔다가 앨범을 구경하던 중에 신부의 독어독문학과 동기들 사진에서 잠자리 안경의 여자를 발견한 것은 '작업실'을 떠난 지 얼마 되지 않았을 때의 일이다. 그 여자의 말문은 이제 트였을지, 아직도 담배를 피울 때는 벽을 향해 돌아앉는지 가끔은 궁금했다.

역사학도는 마흔이 넘은 나이에 모교의 교수로 임용되었으며, 명문 사립대학의 교수인 탓인지 곧 사학계의 중견학자 대접을 받았다. 언젠가 고속버스 터미널에 있는 대형 서점의 '인문/역사' 판매대 앞에 선 채로 그가 쓴 논문 한 편을 끝까지 읽어보았으나 마초 같은 분위기나 '작업실'을 연상시키는 그 어떤 특이한 구절도 발견할 수 없었다.

과거에 무슨 일을 했는지 전혀 알 수 없었던 개량한복은 그 뒤로도 어떻게 지내는지 도무지 알 길이 없었다. 참으로 이상한 일은 '작업실' 언저리에 있던 사람들 중에서 그가 나와 가장 많은 얘기를 나누었음에도 그의 이름이 기억나지 않는다는 사실이다. 나는 어느 해 겨울인가 대형 마트에 들렀다가 개량한복을 한 벌 사서 두어 달 동안 입고 다녔으나 제 풀에 시들해져서 그만두어버렸다.

아동도서, 아니 소설가가 문제적 작가라는 사실을 알게 된 것은 '작업실'을 떠난 지 한참 뒤 신문에 실린 그의 사진을 보고 나서였다. 그는 이른바 좌파로부터는 자유주의적이라 비판받고, 이른바 보수로부터는 교조적 진보라 비판받으면서도 마치 〈영웅본색〉의 주윤발처럼 말 그대로 좌충우돌하며 꿋꿋하게 논쟁을 벌이고 있었다. 나는 그가 '작업실'에서 일했더라면 적어도 나보다는 파리 떼를 훨씬 잘 잡았을지도 모르겠다는 생각이 들었다.

《자본론》은 해방공간이었던 1947년 서울출판사에서 당시 국립대학으로 통합되기 이전의 경성대학교 상과대학 교수였던 전석담과 허동에 의해 제2권까지 번역 출간된 바 있다. 그러나 한국전쟁을 거치고 전석담 등이 월북하면서, 그리고 남한에 극단적인 반공주의가 자리 잡으면서 《자본론》은 금서가 되었고 번역 작업은 이어지지 못했다. 물론 사회주의를 표방한 한반도 북쪽에서는 《자본론》이 일찌감치 완역되었고, 1980년대 말 남한의 백의출판사는 이를 그대로 출간했다가 대표가 구속되기도 했다. 그러나 남한 사람(들)에 의해 남한에서 사용하는 표준어로 《자본론》이 번역된 것은 1987년 이론과실천 출판사에서 김영민이라는 가명의 번역자에 의해 제1권이 출간된 것이 최초이다. 출판사 사장이 구속되고 재판까지 받으면서 이론과실천이 강신준의 이름으로 《자본론》 제2권과 제3권을 완간한 것은 1990년이다. 한편 국립 서울대학교 경제학과 최초의 마르크스 경제학 교수였던 김수행은 이와 별도로 영어판을 텍스트로 삼아 1989년에 비봉출판사에서 《자본론》 제1권을 번역 출간했다. 김수행 판이 완간된 것은 1990년 늦가을의 일이었다.

그렇다면 모국어로 《자본론》을 읽는다는 것은 무슨 의미가 있을까?

종교개혁의 선봉에 섰던 루터가 제일 먼저 시작한 일이 라틴어 성경을 독일어로 번역하는 작업이었다는 사실은 매우 시사적이다. 비로소 성경은 더 이상 사제만이 읽고 해석해주는 신성불가침의 비밀문서가 아니라 누구나 일상의 언어로 접근할 수 있는 가르침이 된 것이다. 마찬가지로 한글판이 나옴으로써 《자본론》을 읽었다는 사실, 심지어는 가지고 있다는 사실만으로도 부여받던 권위는 사라지게 되었다.

그러나…… 금지와 억압은 욕망을 낳는다.

현실 사회주의의 붕괴라는 외적 요인 탓도 있지만 이제 금지와 억압으로부터 파생되는 《자본론》에 대한 욕망은 사라져버렸다.

사회주의혁명을 기표로 삼았던 수많은 386세대들은 새로운 말들을 찾아 앞다투어 떠나갔다. 주체사상에서 북한 민주화로, 급진 좌파에서 뉴라이트로, 미 제국주의 반대투쟁에서 한미 FTA로, 반자본주의에서 따뜻한 자본주의로……. 메타포의 계열은 앞으로도 끝없이 이어질 것이다. 그해 여름, 군사정권의 폭압적 현실이라는 기의는 때로는 자본주의, 때로는 주변부 자본주의, 신식민지 국가독점자본주의, 독점강화-종속심화라는 기표를 통해 재현되었다. 비슷하지만 부정확한 것으로 간주되던 메타포를 사용하는 이들에 대해서는 처절할 정도의 비판이 가해졌다. 한국 사회의 짧았던 마르크스 르네상스는 그러므로, 기의의 과잉 또는 기표의 부족, 그로 말미암은 갖가지 '응축'과 '오誤선택'의 과정이었는지도 모른다. 그 와중에 마르크스의 기의는 사라져 보이지 않고, 그의 기표들만이 창백한 모습의 유령이 되어 허공을 떠돌아다녔다. 섬광처럼 짧게 빛났던 마르크스 르네상스는 곧 사라졌고 다시금 새로운 기표를 향한 끝없는 여정이 시작되었다.

'이제 비로소 우리는 《자본론》을 객관적인 '풍경'으로 바라볼 수 있게 된 것일까?'

에필로그

나는 누군가를 찾아 헤매고 있다. 여러 사람들이 내게로 다가와 말을 건다. 중환자실에서 죽음만 기다리던 때의 살갗이 뼈에 달라붙은 듯한 모습을 한 아버지, 개량한복, 이태원 나이트클럽의 무희, 대중목욕탕의 때밀이 청년, 한강을 바라보며 한숨 섞인 '한산도' 연기를 길게 내뿜던 최씨 아저씨. 저 멀리 내가 애타게 그리던 이의 뒷모습이 보인다. 그이는 끝내 얼굴을 보여주지 않는다. 나는 목이 메어 꺽꺽거린다.

스스로 지르는 소리에 놀라 잠에서 깬다. 연구실 안의 일인용 소파에 깊숙이 몸을 파묻고 있는 나를 발견한다. 바닥에는 A4용지들, 경제학과 2학년 전공선택 과목인 '정치경제학' 강의 노트가 어지럽게 흩어져 있다. 나는 블라인드를 밀어올리고 창문을 연 다음 담배 하나를 입에 문다. 그러고는 1988년 여름의 유달리 무덥고 지루했던 서울을 떠올린다. 그 공간 어디에도 내 이름이 남아 있지 않다는 것, 한때는 다행스러운 위안이었으나 이제는 아스라한 서글픔으로 바뀐 그 역설. 마치 추억할 만한 사진 한 장이나 편지 한 통 남지 않은 사랑, 그리하여 남들에게는 물론이거니와 나 스스로에게조차 내가 사랑한 적이 있었음을 입증하기 어려운 듯 희미해져만 가는 기억처럼.

2부

재현의
재현

우리의 일상적인 삶은 고만고만한 일들의 반복으로 이루어진다. 늘 비슷한 사람들을 만나고 비슷한 일로 먹고살며 비슷한 생각을 하며 지낸다. 할리우드 영화의 주인공처럼 극적인 모험이나 환상적인 로맨스를 만나기란 마치 로토에 당첨되는 것만큼이나 어려운 일이다. 삶을 굳이 영화로 비유하자면 아마도 똑같은 대사와 장면이 반복되면서 아주 미세한 변화만 주어질 뿐이고 그 어떤 자극적인 시작이나 결말도 없는 홍상수 감독의 작품에 훨씬 더 가까울 것이다. 그의 영화들 대부분에서 마지막 장면이란 그것을 잘라내어 영화 속의 어느 위치에 가져다놓아도 별다른 문제가 없을 만큼 밋밋하다. 예를 들면 늘 다니던 길을 평소와 다름없이 터벅터벅 걸어가는 주인공, 그저 그것으로 끝이어서 스크린 위로 엔딩 크레디트가 올라가지 않는다면 관객들은 영화가 끝나는 줄도 모를 정도이다.

그러나 그와 같이 지루하게 되풀이되는 일상의 경험을 통해 우리는 우리를 둘러싼 사물과 사회적 관계에 대해 인식하게 되고 그 인식은 우리의 행동을 규정짓는 나침반 역할을 한다. 무슨 대단한 일을 하는 것이 아니라 그저 함께 잡담하고 놀며 일하는, 심지어는 갈등하고 다투는 사람들과의 관계, 그것이 친구나 동료와의 우정이나 연대감, 연인이나 가족과의 애증 등의 물질적인 기초를 이룬다. 이것이 바로 삶의 유물론인 셈이다. 경험적 실재에 대한 인식, 그리고 그 인식으로부터 영향받는 존재. 인식론과 존재론이라는 철학의 두 가지 영역은 이렇게 우리의 삶 속으로 들어온다.

인식론, 그것은 삶에서 겪는 일들을 우리가 어떻게 받아들이고 기억하는가라는 문제이다. 존재론, 그것은 그저 사물이 그 자리에 고스란히 보존되어 있음을 의미하는 것이 아니라 우리가 받아들이고 기억한 경험, 즉 인식이 우리의 행동을 어떻게 변화시키는가라는 문제와 관련된다. 우리의 실천을 통해 사물과 사회관계의 존재 그 자체가 영향을 받기 때문이다. 인식은 우리가 겪은 일들을 마음속에서 재현하는 행위로부터 출발한다. CCTV로 녹화된 테이프를 재생함으로써 '그날 그 자리'에서 무슨 일이 있었던가를 확인하는 것. 그리고 그 확인에 기초하여 옳고 그름과 좋고 나쁨을 판단하는 것. 다시 그에 기초하여 어떤 행동을 실행에 옮기는 것. 인식과 존재는 이렇게 실천을 통해 비로소 연결된다.

1장

사건과
재현

모든 것이 설명될 수는 없다. 그것이 다큐멘터리의 가장 큰 문제이다. 그것은 마치 자기

자신의 덫에 걸리는 것과 같다. (……) 만약 내가 사랑에 대한 영화를 만들고 있다면 실제

사람들이 사랑을 나누고 있는 침실로 걸어 들어갈 수는 없다. (……) 내가 깨달은 것은 다

큐멘터리를 만들 때 개인에게 더 가까이 가려고 할수록 흥미로웠던 대상들이 나로부터 더

욱 멀어진다는 점이다.

_크시슈토프 키에슬로프스키

누구나 다른 사람들의 삶을 들여다보고 싶은 욕망이 있게 마련이다.
나보다 훨씬 멋지고 잘난 사람들이 어떻게 사는지 궁금해하다가 그들
도 나와 별로 다를 게 없다는 사실에 안심하기도 하고, 나보다 훨씬 불
행해 보이는 사람들의 삶을 바라보며 동정의 눈물을 흘리거나 그래도
내 처지가 낫다는 다행스러움을 은밀하게 맛보기도 한다. 그러나 키에
슬로프스키의 말처럼 아무리 잘 만들어진 다큐멘터리도 모든 것을 설

명할 수는 없다.

어떤 의미에서 우리는 각자 자신의 다큐멘터리를 만들며 살아간다. 사람들은 "내 얘기를 소설로 쓰면 몇 권은 된다"는 식의 얘기를 얼마나 많이 하는가? 예를 들어 일기나 SNS에 자신의 일상이나 감정을 기록하는 것을 생각해보라. 그렇다면 카메라를 들이댐으로써 타인의 삶을 기록하려는 감독의 행위와 스스로의 삶을 기록하는 나의 행위는 과연 얼마나 다른 것일까? 본격 다큐멘터리와 예능 프로그램으로서의 리얼 버라이어티, 그리고 드라마 사이에는 어떤 차이가 존재하는 것일까?

1. 언어의 기원

언어란 인간을 떼어놓는 것이 아니라 소통을 통해 서로 가깝게 만드는 것이다. 따라서 사람을 서로 떼어놓는 욕구는 언어의 기원이 될 수 없다.

_장 자크 루소, 《언어 기원에 관한 시론》

적어도 외견상으로는 아무런 대가도 바라지 않으면서 누군가에게 무엇인가를 선물하는 행위, 즉 증여는 경제인류학에서 오랫동안 연구되어온 주제이다. 그런데 인류학자 모리스 고들리에Maurice Godelier의 《증여의 수수께끼》를 읽다 보면 뜻밖에도 언어의 기원에 관한 논의가 등장한다. 증여 행위의 논리를 설명하는 폴리네시아 원주민들의 말을 곧이곧대로 받아들이는 것이 옳으냐라는 논점과 관련해서이다. 원주민들은 선물을 주고받는 이유에 대해서 그 대상에 영적인 힘이 깃들어 있기 때문이라고 설명하는데, 인류학자는 (또는 우리는) 그 말을 믿기만 하면 되는 것일까? 혹시 원주민들은 그렇게 말하면서도 무의식적으로 다른 동기 때문에 선물을 주는 것이 아닐까? 아니면 아예 자신들의 동기를 설명할 말이 그것밖에 떠오르지 않기 때문에 그렇게 말하는 것은 아닐까?

인간이 처음 언어를 갖게 되었을 때 요즘 아이들이 말을 배우듯이 '엄마'처럼 간단한 단어에서부터 시작하여 하나하나 배워나가기란 불가능했을 것이다. 정리된 말의 체계를 온전히 갖추고 있는, 그래서 한 마디씩 순차적으로 가르쳐줄 수 있는 이가 존재하지 않았을 터이므로. 그렇다면 말의 체계는 어느 날 어느 순간에 갑자기 봇물 터지듯 대폭발(이른바 빅뱅)을 통해 생겨난 것일까?

어쨌거나 분명한 것은 감정이나 생각의 양에 비해 그것들을 표현할 수 있는 말의 양은 훨씬 적었을 것이라는 사실이다. 그런데 이는 비단 수십 단어만의 조합으로 모든 의미를 표현해야 하는 어느 원시 부족에 국한된 일은 아니리라. '나'가 '너'에게 갖는 감정, '그 사건'에 대해 가지고 있는 생각, 거꾸로 '너'가 '나'에게 갖는 감정, '그 사건'을 보는 다른 이들의 생각 등속을 한정된 어휘로 정확하게 나타내는 것이 과연 가능하기나 할까? 뒤집어서 얘기하자면, 언어학에서 말하는 기표, 즉 내가 골라서 쓰는 말이 원래 내가 나타내고자 하는 개념, 즉 기의를 제대로 드러내지 못하는 경우도 많다는 뜻이다. '말길이 끊어지다言語道斷'라는 표현은, 그러므로 문학적 상상력의 영역을 넘어 삶의 현실, 나아가 사회과학적 현실의 문제가 된다.

모든 인문사회과학은 언어학과 인류학이라는 두 가지 학문으로 귀착된다. 물론 이때의 언어학이나 인류학은, 이를테면 대학의 언어학과나 인류학과, 또는 언어학회나 인류학회처럼 그 구성원들의 편리함을 도모하기 위하여 울타리 쳐진 분과 학문으로서의 그것들을 의미하는 것은 아니다.

먼저 언어학. 마르크스가 강조한 것처럼 인간은 유적 존재, 즉 서로 협력하고 교류하며 살아갈 수밖에 없는 존재이다. 이러한 교류와 협력을 위해서는 타인의 감정을 공유하고 습득한 지식을 서로 전달하며 계승하는 과정이 있어야 한다. 그런데 그 어떤 감정이나 지식도 결국 말이라는 수단을 통해 전달될 수밖에 없다. "언어의 한계가 생각의 한계"라는 비트겐슈타인의 명제가 이를 포착하고 있다. 언어는 궁극적으로 대상에 이름을 붙여 부르는 것이다. 이름이 없는 것에 대해서 우리는 생각조차 할 수 없다. "인간의 언어적 본질은 인간이 사물을 명명한다는 것"이라는 발터 벤야민의 명제도 마찬가지 맥락에서 이해할 수 있다. 바로 이러한 의미에서 모든 학문은 궁극적으로 언어학일 수밖에 없다. 명명을 통해 하고자 하는 것은 결국 우리가 경험과 생각을 통해 느끼고 알게 된 것들을 다시 나타나게 하는 것, 즉 재현representation이다.

모든 인문학과 예술은 궁극적으로는 삶의 사건event에 대한 헌신과 열정, 그리고 그것을 재현하는 문제로 귀착된다. 우리가 사랑하면서 느끼지만 말로 표현하기 어려운 복잡한 감정을 김광석의 노래 한 구절을 통해 재현할 수 있다면 그것은 훌륭한 인문학이자 예술이 된다. 〈영웅본색〉 같은 홍콩 누아르조차도 과장된 감정과 총질을 뚫고 들여다보면 무엇인가를 재현하려는 의도를 가지고 있으며 그것이 대중에게 먹힐 때 비로소 호소력을 갖게 된다. 이렇듯 재현은 때로는 음악으로, 때로는 춤으로, 때로는 다른 예술의 형태로도 이루어질 수 있으나, 그것들도 결국은 말로 설명되어야 한다. 아니, 말로 설명하지 않더라도, 받아들이는 사람은 말로 구성되는 '이야기'라는 형식으로 이해한다.

다음으로 인류학. 모든 인문사회과학은 인간에 관한 탐구, 즉 인간의 행동과 감정, 그리고 그 현상과 원리에 관한 연구라는 점에서 인류학일 수밖에 없다. 인간의 행동 원리에 관한 특정한 가정이나 공준公準에 합의하지 못하는 한, 사회과학은 성립하지 않는다. 또는 그것을 둘러싼 논쟁이 모든 사회과학의 역사를 구성하고 있다. 정치학에서는 권력의지를 갖고 움직이는 인간들이 사회 안의 권력을 어떻게 배분하는가에 관심을 갖는다. 주류 경제학은 인간이 이기적이고 합리적인 주체로서 경제적 유인에 가장 민감하게 반응하는 것으로 가정하고 이론을 전개한다. 심지어 정치적 행위는 물론 결혼이나 출산, 그리고 자살 등과 같은 행동도 경제적 유인에 반응한 결과로 설명하는 경제학도 있다. 마르크스 경제학에서는 자본주의 사회의 인간은 그 생산양식 안에서 차지하는 계급적 지위에 걸맞은 생각에 따라 움직이는 것으로 설명된다. "자본가는 자본의 인격화"라는 명제가 바로 그것이다.

경제인류학의 연구에서 언어의 기원이 중요한 주제로 등장하는 것은 바로 이러한 의미에서 언어학과 인류학이 서로 밀접하게 관련되어 있기 때문이다. 고틀리에의 원주민들은 자신들의 동기를 적절하게 설명할 수 있는 말을 찾지 못했기 때문에, 또는 자신들이 말하는 것을 그냥 믿어버리거나 믿고 싶은 것만을 말하기 때문에, 심지어는 인류학자라는 외부인에게 말할 때는 자신들의 머리나 마음속에 있는 것과는 다른 말을 선택하기 때문에 그렇게 말했을 수 있다. 그러므로 인간이 사건을 재현하는 원리를 탐구할 때도 인간의 행동 원리를 탐구할 때와 똑같은 정도의 논리적 엄밀성을 유지해야 한다.

2. 메타포와 재현

생각과 느낌을 나타내기 위한 수단이었던 언어는 이제 모든 생각이나 느낌이 그것으로 표현되지 않으면 의미가 없는 것으로 간주됩니다.

_류동민, 《마르크스가 내게 아프냐고 물었다》

"달빛이 내 마음을 나타내네月亮代表我的心."

영화 〈첨밀밀甛蜜蜜〉에서 중요한 모티브를 이루는 타이완 출신 여가수 등려군鄧麗君의 노래 제목이자 노래의 한 구절이다. 서로 사랑하지만 각자 다른 길을 가야만 하는 남자(여명 분)와 여자(장만옥 분)는 오랜 세월을 두고 사랑과 우정 사이를 오가며 힘들어한다. 두 사람을 문화적으로 묶어주는 유일한 매개는 등려군을 좋아한다는 사실이다. 이를테면 여명이 뉴욕의 어느 거리를 말없이 빠른 속도로 걸어가는 장면에서 이 노래가 배경으로 깔리기만 해도 관객들은 장만옥을 그리워하는 여명의 마음을 쉽게 알아차릴 수 있다. 가슴에 찍힌 화인처럼 결코 잊을 수 없지만 현실에서는 이루어질 수 없는 사랑을 가진 이들의 복합적인 심정을 몇 마디 대사나 말로 정확하게 표현하기란 애초부터 불가능한 일일 것이다. 그저 환하게 내리비치는 달빛만이 그 모든 사정을 알고 있을 뿐. 한낱 유행가 가사이지만, 그러므로 여기에는 재현이라는 철학적 주제가 들어 있다.

우리가 나타내고자 하는 감정이나 사상에 비해 그것을 표현하는 주요한 수단인 말이 부족할 때, 이른바 기의는 충만한데 기표가 부족할 때 일어나는 현상은 두 가지로 요약할 수 있다.

+

〈첨밀밀〉의 한 장면. 연인에서 친구로 돌아가기로 결정한 두 사람.
장만옥이 자동차의 운전석에 앉아 바깥에서 걸어오는 여명을 슬픈 눈으로 바라본다.
카메라는 그녀의 표정을 사이드미러에 비친 모습으로 보여준다.
여명의 모습은 희미하게 처리된다. 여명에 대한 장만옥의 눈빛과 표정은 사이드미러를 통해 재현되며,
관객은 그것을 다시 카메라의 시선으로 바라본다. 그러므로 이것은 '재현의 재현'이다.

첫째, 하나의 기표에 둘 이상의 기의가 겹쳐서 나타나는 것, 이른바 응축이다. 응축은 필연적으로 상징을 수반한다. 사랑하면서도 사랑할 수 없는, 기쁘면서도 고통스러운 남녀 주인공의 마음은 예컨대 '사랑'이나 '그리움'이라는 하나의 기표로는 온전히 표현될 수 없고, 오직 달빛이라는 상징만이 그 자리를 대신할 수 있을 따름이다.

둘째, 때로는 무지로 말미암아, 때로는 현실적 제약을 인정함으로써 완벽하지는 않지만 가장 비슷한 기표를 골라 쓰는 일종의 체념에 기초한 선택이다. 예를 들면, 외국어를 말할 때 우리는 흔히 모국어의 단어를 먼저 떠올리고 그에 부합하는 외국어 단어를 골라낸다. 모국어 단어와 외국어 단어의 뜻이 일대일로 대응한다고 가정하기 때문이다. 현실이 그렇지 않음은 물론이다. 사실 이것은 어떤 의미에서는 첫째의 응축이나 상징과 크게 다를 바가 없다. 필연적으로 일종의 메타포metaphor를 수반하기 때문이다.

여명과 장만옥에게는 달빛이 그들의 복합적인 심경을 응축해서 재현해주는 상징이고 메타포이기도 하지만 〈첨밀밀〉의 맥락에서 벗어난 무심한 사람들의 눈에 달빛은 그저 달빛일 뿐이다. 달빛을 사랑의 힘듦이나 불안함이 아니라 그저 객관적인 대상 또는 '풍경'으로 바라보는 것이 가능한 일일까? 가라타니 고진은 '풍경'의 등장은 인간 내면의 등장이기도 하며, 그것이 결국 모국어의 언문일치를 통한 근대(문학)의 탄생이기도 하다고 주장했다. 그런데 이것은 바로 마르크스가 말하는 물

신성이 작용하는 지점이기도 하다. 우리의 생각(기의)을 말(기표)로 표현하는 것이 아니라 주어진 기표에 맞추어 기의가 형성되는 뒤집힘이 발생하기 때문이다.

어떤 이는 '우울하다'는 표현을 그저 흐린 날씨 때문에 의기소침해진 상태를 나타내기 위해 선택하지만 다른 이는 한 시간 뒤에 자살하고 싶다는 의미로 선택할 수도 있다. 우리는 사후적으로 그 사람의 행동을 보고서야 겨우 그 단어가 진정으로 의미하는 바를 짐작할 수 있다.

안토니오 스카르메타$^{\text{Antonio Skármeta}}$의 소설 《네루다의 우편배달부》에서 청년 마리오는 대시인인 네루다에게 생각을 다 표현할 수 있어 좋겠다고 부러워하며 시 쓰기를 가르쳐달라고 한다. 이때 네루다가 들려주는 답은 메타포, 즉 은유를 만들어보라는 것이다. 그러나 내 마음은 달빛, 내 마음은 호수, 내 마음은 황무지…… 메타포는 끝없이 이어질 수 있다. 마리오는 문득 "선생님에게는 이 세상 모든 것이 메타포군요"라는 깨달음을 내비친다. 메타포가 악무한으로 이어진다는 것은 그 어떤 특정한 메타포도 기의를 정확하게 재현할 수 없다는 점에서 처음부터 불완전성의 비극을 내포하고 있다. 그러므로 수많은 상품들 사이의 등가교환 관계의 계열이 화폐를 통해 비로소 종결되듯이, 수많은 메타포의 계열을 마감하는 단 하나의 선택이 필요하다. 그것이 선택되고 나면 이제 나머지 메타포들은 '진리'에 대한 부정확한 유비^{analogy}에 지나지 않게 된다. 더 이상 비슷비슷한 특성을 가진 여러 개념이나 상황이 존재하는 것이 아니라 정확한 재현으로 간주되는 그 무엇 하나만이 존재한다. 나머지 모든 것들은 부정확한 재현, 즉 재현의 실패에 다름 아니다.

미셸 푸코는 다음과 같이 말했다.

> 유사類似는 재현에 쓰이며, 재현은 유사를 지배한다. 상사相似는 되풀이
> 에 쓰이며, 되풀이는 상사의 길을 따라 달린다.
>
> _미셸 푸코, 《이것은 파이프가 아니다》

유사하다는 것은 진짜와 '비슷하기는 하나 다른似而非' 가짜에게 적용되는 표현이므로 어디까지나 '진짜'와 '가짜' 사이의 엄격한 위계를 전제로 한다. 즉 대상의 본질을 정확하게 표현하는 원본이 존재하며, 그와 유사한 모든 것들은 본질을 제대로 나타내지 못하게 된다. 반면 상사는 그 어느 것도 완벽하지 않은 메타포들을 가리키는 말이므로 수직적 위계가 아닌 수평적 관계를 의미한다. 푸코는 같은 글에서 "유사에 대한 상사의 우월성"을 주장하지만 적어도 현실에서 그 원리는 관철되지 않는다. 사람들은 재현이란 모름지기 정확해야 한다고, 바꾸어 말하자면 비슷비슷한 복사본을 늘어놓기만 해서는 본질을 포착할 수 없다고 생각하기 때문이다.

3. 재현의 불완전성

> 유일한 진리 위에 기초한 세계와 소설의 애매하고 상대적인 세계는 각기 전혀 다른 방식
> 으로 만들어진다. (……) 전체주의적인 진리는 상대성과 의혹과 질문을 제거하고, 따라
> 서 그것은 내가 '소설의 정신'이라 부르는 것과 어울리지 못한다. (……) 소설의 정신은
> 복잡함의 정신이다. 모든 소설은 독자들에게 "사실은 당신이 생각하는 것보다 더 복잡하
> 다"라고 말한다.
>
> **_밀란 쿤데라, 《소설의 기술》**

우리는 때때로 아무리 화려한 수사를 동원해도 자신의 감정을 남김 없이 표현할 수 없음에 절망한다. 여명이나 장만옥처럼 그저 "저 달빛이 내 마음이다"라고밖에 말할 수 없을 때가 있는 법이다. 그러니 말로 나타낼 수 없는 경지, 그것이야말로 최고 수준의 깨달음이라 할 수 있을 터. 또는 거꾸로 최고 수준의 깨달음은 말로 표현할 수 없는 것. 예를 들면 수천 년의 시간적 간격을 두고 말해진 다음의 두 구절은 그러한 진리를 표현하고 있다.

도라고 말할 수 있는 것은 항상적인 도가 아니다 道可道 非常道.

_노자, 《도덕경》의 첫 구절

우리가 생각하는 내용을 단어로 표현하자마자 모든 것들이 왜곡되어 버린다.

_마르셀 뒤샹

그래서일까? 화가 르네 마그리트는 담배 파이프를 정밀한 필치로 그려놓고는 뜬금없이 "이것은 파이프가 아니다"라는 제목을 붙여놓았다. 그러나 애석하게도 이러한 종류의 깨달음은 선문답을 넘어서는 구체적인 방식으로는 당사자 이외의 보통 사람들에게 전달되기 어렵다. 그러므로 미셸 푸코는 이 그림의 철학적 의미를 설명하기 위해 아예 한 권의 책을 쓰지 않았던가?

이탈로 칼비노 Italo Calvino의 환상문학《우주만화》는 지구에 생명체가 등장하기 시작하던 때의 이야기를 다루고 있다. 사람인지 아닌지도 불분명한 남자 생명체 크프우프크는 아일이라는 여자 생명체를 만난다. 그러나 말의 체계가 아직 갖추어지지 않은 상황, 요컨대 언어의 기원적 상황이므로 둘 사이의 의사소통은 쉽게 이루어지지 않는다. 크프우프크는 말한다. "당시는 많은 개념이 존재하지 않던 시기였습니다. 예를 들어 우리 둘이 어떤 존재인지, 우리는 무엇이 같고 무엇이 다른지를 설명하기란 쉬운 일이 아니었습니다."

우리가 무엇인가를 설명하거나 표현하기 위해서는 개념이 필요하고 그 개념을 담을 말이 필요하다. 크프우프크가 겨우 아일에게 하는 몇

+

르네 마그리트의 파이프 데생. 파이프 밑에
"이것은 파이프가 아니다Ceci n'est pas une pipe"라 쓰고 서명을 해놓았다.
미셸 푸코는 1973년에 이 그림을 철학적으로 분석한
《이것은 파이프가 아니다》라는 책을 썼다.
그 책에는 푸코와 마그리트가 주고받은 편지들도 들어 있다.

마디 중의 하나는 "나, 너 아니다"이다. 사랑의 출발은, 그러므로 '그'가 '그녀'와 같지 않음을 인정하는 데 있다. 핵심은 '그'와 '그녀'의 사랑조차도 부족하기만 한 말로 재현되어야 한다는 것이다.

크프우프크가 아일에게 자신의 사랑을 제대로 표현할 수 없다는 것, 아니 둘이 서로 무엇이 같고 다른지조차 말할 수 없다는 것, 그럼에도 끊임없이 말하지 않으면 안 된다는 것, 그것이야말로 모든 사랑의 출발점에 자리 잡고 있는 어려움이자 슬픔이다. 재현이 현실의 완벽한 복제는 될 수 없다는 것, 바로 거기에 삶의 원천적 비극이 존재한다. 삶의 총체성을 온전하게 담아낼 수 있는 언어의 형식, 학문의 형식, 예술의 형식은 사실상 존재하지 않는다. 그러나 그러한 재현이 총체성을 결코 담보할 수 없다는 것을 인식할 때, 비로소 역설적으로 자유의 영역이 열리게 된다. 모든 재현은 현실의 불완전한 묘사라는 것, 그것은 재현의 쓸모없음을 말해주는 것이 아니다. 오히려 재현의 불완전함, 그 한계를 인식함으로써 개인적·사회적 삶의 사건을 맞이하고 그 사건이 흘러가버린 뒤에도 대의에 헌신할 수 있게 된다. 사랑, 종교적 체험, 혁명 등은 개인적 삶과 사회적 삶의 사건이다. 지우기 어려운 트라우마, 또는 삶이 고양되는 기억으로 남아, 그 이후의 삶에서 불가능한 것에 대한 헌신을 가져오는 계기가 되는 것이다. 알랭 바디우가《사랑 예찬》이나《사도 바울》에서 얘기하는 것도 바로 이것이다.

사랑은 세계의 법칙들에 의해서는 계산하거나 예측할 수 없는 하나의 사건입니다.

_알랭 바디우, 《사랑 예찬》

사건^{event}을 식별할 수 있게 해주는 현상 중 하나는, 사건은 언어를 막다른 골목에 이르게 하는 실재의 지점과도 같다는 것, 바로 그것이라는 것이다. (……) 이미 확립된 언어들 속에서는 사건이 수용될 수 없는데, 왜냐하면 그러한 사건은 진정 명명될 수 없는 것이기 때문이다.

_알랭 바디우, 《사도 바울》

예를 들어 한국 사회에서 5, 60대에게 그것이 극적인 경제성장의 기억이라면, 이른바 386세대에게는 광장의 기억이고, 1980년의 봄을 겪었던 광주 시민에게는 광주항쟁의 트라우마인 동시에 짧았던 해방의 기억일 것이다. 386세대가 누구는 극우파, 누구는 생태운동가, 누구는 여전히 급진 좌파가 되었더라도 그들에게 남아 있는 것은 집단적 체험으로서의, 또는 푸코가 말하는 에피스테메^{épistémè}로서의 그 무엇이다. 이를테면 한국의 386세대와 유사한 사회적 체험을 지닌 일본의 베이비붐 세대가 그러하다. 누구는 적군파, 누구는 보수 정치인, 누구는 심지어 광신적 종교집단의 일원이 되는. 무라카미 하루키의 소설 《1Q84》는 그 상징적 묘사라고 할 수 있다.

총체성을 주장하는 그 어떤 형식도 억압적 권력으로 이어지는 내재적 계기를 가질 가능성이 있다. 사랑이 이러한 것이라고, 마땅히 이러해야 한다고 규정하는 순간, 그것은 이미 사랑의 대상을 구속하고 억압하는 것이므로 더 이상 사랑이 아니게 된다. 우리가 지향해야 할 새로운 사회의 인간 유형은 이러한 것이라고, 마땅히 이러해야 한다고 규정하는 순간, 거기에서 벗어나는 인간은 비판받고 교정되어야 할 관리 대상으로 전락한다. 어쩌면 이 세상의 모든 것은 부정적인 형태로, 다시 말해 '이러하다'가 아니라 '이러한 것은 아니다'로만 서술될 수 있는지도 모른다. 사랑조차도 부정적인 방식으로만, 즉 사랑이 아닌 것을 배제함으로써만 정의될 수 있다. '그것'만 있으면 남김없이 사랑을 정의할 수 있는 요소란 존재하지 않는다. 그렇지만 당신이 그 누군가의 사소한 몸짓 하나, 표정 하나 때문에 고통스러워하면서 그 의미를 진지하게 해석하려 들지 않는다면 적어도 그것은 사랑이 아니다. 그저 그 누군가의 가벼운 눈웃음 한 번에 바로 그 사람으로 말미암아 당신이 겪었던 오랜 고통의 시간을 잊을 수 없다면 그 또한 적어도 사랑은 아닌 것이다.

인문학과 달리 사회과학은 사회를 특정한 방향으로 변화시키고자 하는 의도와 방법을 명시적으로 추구한다는 점에서 일종의 '폭력적 재현'이다. 특정한 방식으로 사회현상을 재현하고자 하는 것은, 바꾸어 말하자면 다른 방식으로의 재현을 배제하는 것이나 마찬가지이기 때문이다. 더구나 그 재현이 총체성을 자임하는 순간, 즉 이 세상의 모든 개별성을 일반성이나 보편성의 이름 속에 끌어들이는 순간, 더 이상 개별성이 자리할 곳은 없어진다.

경제학은 사회과학 중에도 이데올로기로서의 성격이 가장 강한 분과 학문이다. 사람들이 먹고사는 문제와 관련되어 있고, 먹고사는 문제란 필연적으로 사회 시스템으로부터 이익을 얻는 이와 그렇지 못한 이 사이의 갈등을 낳게 되며, 경제학은 결국 그 어느 한쪽 편을 들게 되기 때문이다.

과거 교조화했던 소비에트 마르크스주의에서 말하는 총체성, 즉 '현실의 모든 구체적인 것들을 사고 속에서 재생산하는 것'이라는 개념은 완벽하게 재현되지 못하는 현실의 존재를 부정하는 '폭력적 재현'으로 흐를 수밖에 없다. 현대 경제학에서 수학적 모형을 통해 재현되는 경제 현상 또한 마찬가지로 모형의 가정 속에 들어오지 못하는 사회적 관계를 배제하거나 최소한 간과하는 경향을 가질 수밖에 없다. 총체성의 담론으로 말하는 이에게는 무시할 수 없는 권위가 부여되며, 그 권위를 나눠 갖기 위해서는 그 담론의 세계 안으로 들어가는 수밖에 없다. 비유하자면 우주정거장용 레고 세트로는 우주정거장밖에 만들 수 없다. 몇 개의 레고 조각을 버리고 우주선을 조립하는 순간, 그것은 총체적인 프로그램에서 벗어나는 잘못된 조합에 지나지 않는다.

정치적·문화적 파시즘이나 제노포비아, 집단적 광기 현상은 바로 이러한 맥락에서 등장한다. 집단적 체험에 대한 공유, 그것의 정치적 동원, 대안적 해석을 허용하지 않는 획일화한 재현 등이 그 배후에 놓여 있다. 최근 한국 사회에서도 이러한 예를 쉽게 찾아볼 수 있다. 이른바 진보적인 젊은 세대가 의외로 국수주의적이거나 반민주적 행태를 보이는 현상이 그 좋은 예가 될 것이다. 국제야구대회 우승 기념으로 마운드에 태극기를 꽂거나 올림픽 한일전 승리 직후 "독도는 우리 땅"이라는 메시지를 내거는 것, 이러한 행동들은 세계적 시민의 보편주의에서는 한참 멀리 떨어져 있는 것이지만 한국의 젊은 세대에게는 뜻밖에도 압도적인 지지를 받는다. 황우석 교수의 학문적 진실성에 대한 합리적 의문은 국가주의적 반과학 논리에 의해 손쉽게 공격당하기도 한다.

이와는 반대로 개인적·사회적 삶에 파고 들어와 그것들을 헝클어버린 사건들, 그 트라우마로부터 도피하는 것. 그리하여 일상의 먹고사는 삶에만 충실한 것. 그렇게 함으로써 그 어떤 사건의 황홀함에도 헌신하지 않는 것. 그것이야말로 사회를 보수화하는 데 철저하게 기여하는 관념론인 셈이다.

4. 이야기와 기억

기억력이 충분하지 못한 사람은 거짓말쟁이가 될 생각을 아예 말라는 것은 이유 없는 말이 아니다.

_미셸 드 몽테뉴,《수상록》

"이 세상에 글을 못 쓰는 사람이란 없다. 다만 쓰고 싶은 이야기가 없을 뿐이다"라는 말을 어디에선가 읽은 적이 있다. 사람은 누구나 자신의 이야기를 가지고 있고 그것을 남에게 말하고 싶어 한다. 민주주의라는 것도 결국은 누구나 자신의 이야기를 말할 수 있음을 의미한다. 그러나 그 누구도 들어주지 않는 이야기는 허공에 울려 퍼지는 메아리일 뿐, 아무런 의미를 획득하지 못한다. 그러므로 '말할 수 있는 권리'는 자신의 이야기가 다른 사람들에게 '들어질 수 있는$^{to\ be\ heard}$' 권리와 같은 것이다. 표현의 자유가 따르지 않는 사상의 자유나 양심의 자유가 아무런 의미가 없는 것도 바로 그 때문이다.

우리는 일상의 다양한 일들로부터 갖게 되는 감정이나 생각을 결국 '이야기'의 형식으로 기억하여 전달한다. 사회과학도 마찬가지이다. 예를 들면 마르크스 경제학자와 케인스 경제학자, 그리고 신고전학파 경제학자가 가지고 있는 경제현상에 관한 '이야기'는 서로 다르다.

그런데 사람들이 자신의 이야기를 할 때 스스로 느끼거나 생각하고 믿는 바를 온전히 털어놓는 것은 아니다. 듣는 이가 누구냐에 따라 그 이야기가 전달하고자 하는 바도 달라지고, 전달할 수 있는 내용도 달라질 수 있기 때문이다. 똑같은 사안에 대한 자신의 감정이나 생각도 가까운 친구에게 말할 때와 낯선 이에게 말할 때는 달라진다. 이를테면 이성을 유혹하기 위한 '유혹의 서사'가 대부분 과장이나 허세, 심지어는 거짓으로 이루어지는 것도 그 때문이다. 더구나 자폐증적인 환상이 아닌 이상, 내 이야기 속에는 나 자신만이 아니라 나와 관계를 맺고 있는 다른 사람들이 등장하게 된다. 그런데 내 이야기 속에서 그들은 마치 희곡이나 시나리오에 쓰인 대로 대사를 읊고 연기하는 배우들처럼 수동적인 역할밖에 할 수 없다. 그렇지만 그들 하나하나는 자신의 이야기를 가지고 있는 사람이다. 당연하게도 그들의 이야기 속에 등장하는 나는 내 이야기 속의 그들과 마찬가지로 수동적인 역할만을 수행한다. 그러므로 우리는 남의 이야기를 들을 때 '말하고 있는 것' 못지않게 '말해지지 않은 것'에도 주의를 기울여야 한다. 많은 경우에 '말해지지 않은 것'은 '말하고 싶지 않은 것'의 표현이며, 때로 '말하고 있는 것'보다 더 중요한 내용을 담고 있기 때문이다.

  지크문트 프로이트가 꿈을 분석 대상으로 삼았을 때 많은 동료들은 그를 이단시했다. 꿈이 두 가지 의미에서 객관적이지 않다는 이유에서였다. 첫째, 꿈은 본인만이 볼 수 있고 다른 사람은 관찰이 불가능하다는 것, 둘째, 그러므로 본인의 진술에 의존할 수밖에 없는데 그 본인은 부끄러운 것, 기억하고 싶지 않은 것 등은 말하지 않는다는 것, 즉 거짓말을 할 수 있다는 것이다. 그러나 프로이트는 꿈꾼 사람이 자신의 꿈을 편집하는 과정을 살펴봄으로써 그 사람의 정신을 분석할 수 있다고 주장했다.

　그런데 우리가 현실에서 겪는 사건들에 대한 각자의 재현은 본질적으로 꿈과도 비슷한 성격을 갖는다. 그러므로 지난 세월이 꿈만 같다는 표현은 어떤 의미에서는 재현의 본질을 정확하게 꿰뚫고 있다. 역사적 사건에 대한 기억이나 증언이든, 개인적 생각이나 감정이든 간에 우리는 각자 자신에게 정치적으로 유리한 입장을 취해 진술하고자 한다. 더구나 이러한 진술은 일단 내뱉어지고 나면 자기강화 및 자기합리화의 과정을 거치면서 더욱 왜곡되고 편집되면서 '불변의 실체적 진실'로 기억되고 주장된다. 이른바 '기억의 정치학'이다.

　이러한 경향은 사회과학에서 더욱 강하게 나타난다. 사회과학은 다루고자 하는 사회현실을 추상화·단순화하여 독립변수와 종속변수를 구분하고 양자 간의 기본적이고 단선적인 인과관계를 추구하는 경향이 있다. 이러한 경향이 가장 두드러지게 나타나는 사회과학 분야가 경제학이다. 경제학에서는 몇 가지 단순화 가정들에 기초하여 수학적 모형을 설정함으로써 현실의 복잡 미묘한 관계의 뼈대만을 추구한다. 즉 프로이트의 환자가 꿈을 진술하듯, 왜곡과 편집이 발생하는 것이다. 그러므로 모형 그 자체보다는 모형을 구성하는 과정에서 반드시 발생할 수밖에 없는 선별과 편집의 과정을 분석하는 것이 더 중요한 의미를 제공해줄 수도 있다.

　사회과학에서 이러한 경향이 두드러지는 또 다른 이유는 연구자들 사이의 정치학 때문이다. 자연과학과 달리 사회과학에서는 이론적 입장을 변경하는 것이 과학으로의 진전이라기보다는 '평판의 훼손', 심하게는 '변절'로 생각되는 경향이 있다. 그리고 연구자 집단 안에서 발언권을 획득하고 유지하려는 정치적 동기 또한 중요하게 작용한다. 이를 테면 학술지에 논문을 투고하고 심사받는 과정에서 논문을 게재하려는 투고자의 욕망은 그것을 저지할 수도 있는 심사자나 에디터의 평가를 통과해야 한다. 그런데 이 과정에서 심사자-투고자 사이의 커뮤니케이션, 지배와 피지배 관계에 따른 수정이 발생한다.

모든 사회현상을 '피도 눈물도 없이' 이기적이고 합리적인 인간 행동의 결과로만 설명하려는 경제학자들의 상징으로 흔히 시카고학파가 지목되곤 한다. 바로 그 시카고 대학에서 가르친 적도 있던 매클로스키 Deirdre McCloskey의 원래 이름은 도널드였다. 50대 중반의 어느 날, 그는 이름을 디어드리로 바꾼다. 성전환 수술을 받았기 때문이다. 세계적인 경제학자이면서도 그녀는 스스로의 정체성을 영문학자라고 규정한다. 그녀가 보기에 경제학은 수사학, 즉 그럴듯한 이야기를 만들어 사람들을 설득하는 작업에 지나지 않았기 때문이다. 체코의 경제학자 토마스 세들라체크 Tomas Sedlacek 역시 《선악의 경제학》이라는 책에서 복잡한 수학적 모형이 잃어버린, 경제학의 '이야기'가 갖는 중요성을 강조한다.

그러므로 엥겔스가 보수 반동적인 발자크의 소설을 "리얼리즘의 위대한 승리"라고 평가한 것은 어쩌면 사회과학의 논리로만 설명할 수 없는 현실을 재현하는 데 일정 정도 성공했다는 점 때문일지도 모른다. 《자본론》도 결국은 마르크스의 머릿속에 떠오른 자본주의의 이미지를 재현하고자 하는 시도이다. 실제로 문학비평가인 프레드릭 제임슨은 《자본론》 제1권은 자본주의하의 실업을 재현하려는 시도로 읽어야 한다고 주장했다. 실업, 누구나 다 알고 일상에서 경험하는 그 현상을 재현하기 위해 과연 몇 천 쪽이나 되는 책이 필요한 건지, 제임슨 자신이 그 주장을 입증하기 위해 100쪽이 넘는 책을 썼는데, 말하자면 재현의 재현을 위해 다시 책이 필요한 것이라면, 무한수열처럼 이어지는 그 재현의 끝은 과연 어디일까?

5. 기억의 재구성: 〈백 투 더 퓨처〉

우리 어린 시절의 이야기는 정신적으로 날짜가 잡히지 않는다. 날짜들은 나중에 잡힌다. 게다가 그것은 타인으로부터, 체험된 시간과는 다른 시간으로부터 온다. 날짜들은 바로 사람들이 이야기를 하는 시점으로부터 온다.

_가스통 바슐라르, 《몽상의 시학》

시간 여행을 다룬 영화 〈백 투 더 퓨처〉에서 주인공 마티는 괴짜 과학자가 만든 타임머신을 타고 30년 전으로 돌아간다. 그곳에서 그는 자기 또래의 고교생인 아빠와 엄마를 만난다. 아빠는 엄마를 좋아하지만 제대로 고백도 못할 뿐만 아니라 불량 학생들에게 늘 골탕만 먹는 멍청한 캐릭터이고, 엄마는 엉뚱하게도 미래에서 온 자신의 아들인 마티에게 호감을 갖는다. 마티는 아빠와 엄마의 사랑이 연결되도록 중간에서 열심히 노력하는 한편, 불량한 친구들에게 당당하게 맞설 수 있도록 아빠에게 용기를 불어넣어준다. 물론 할리우드 코미디답게 해피엔딩이라 마티는 현재로 돌아오고 애초의 현실과는 달리 당당해진 아빠를 보며 흐뭇해한다.

〈백 투 더 퓨처〉의 줄거리는 시간 여행을 다룬 대부분의 영화들이 전제하는 상투적인 패턴을 따른다. 비슷한 시기에 만들어진 제임스 캐머런 감독의 〈터미네이터〉는 좀 더 복잡한 구조를 갖고 있다. 핵전쟁의 결과 기계가 인류를 지배하게 된 2029년 미래 사회의 저항 게릴라 사령관인 존 코너는 젊은 부하 카일 리스를 1984년으로 돌려보낸다. 그의 임무는 다름 아닌 코너의 어머니를 죽여서 코너의 출생을 없었던 일로 만듦으로써 인간의 저항 자체를 없애려는, 기계가 보낸 터미네이터로부터 코너의 어머니를 보호함으로써 코너의 탄생이라는 사건을 그대로 지키는 것이다. 흥미로운 것은 코너의 어머니가 카일 리스와 사랑에 빠져 임신을 한다는 것, 그렇다면 존 코너는 자신의 부하인 카일 리스의 아들이다!

여기에서 드는 의문. 코너는 부하인 리스를 과거로 돌려보낼 때 그가 자신의 아버지가 될 운명임을 알았을까? 1984년에서 2029년까지 일어난 일은 코너의 기억 속에 남아 있을까? 그렇다면 코너는 리스를 부하로 생각하는 것일까? 아니면 아버지라고 생각하는 것일까? 〈백 투 더 퓨처〉에서도 마찬가지 의문은 이어진다. 마티의 머릿속에 자신이 개입했던 1955년의 일은 기억으로 남아 있는 것일까? 영화 속에서 아마도 주인공이기 때문인지 마티는 기억을 가지고 있는 것처럼 보인다. 그렇다면 마티의 엄마와 아빠는 30년 전에 자신들을 방문했다가 홀연 사라진 소년과 꼭 닮은 아들 마티를 보면 이상하게 생각해야 하지 않을까? 그런데도 그들은 마치 마티가 뛰어들었던 1955년이 없었던 듯이 행동한다. 정확하게 말하자면 그들은 완벽하게 수동적으로만 존재한다.

시간 여행은 물리학적으로는 아직 불가능하지만 우리 머릿속에서는 끊임없이 이루어진다. 내가 20년 전의 어느 날로 돌아가 나의 첫사랑이자 짝사랑이었던 그녀도 실은 나를 사랑했었다는 사실을 깨닫는다면? 그렇다면 지난 20년 동안 내가 겪었던 일에 대한 기억은 그대로 남아 있는 것일까? 그게 아니라 실은 기억 자체가 새롭게 재구성되는 것이 아닐까? 이것은 사실 2012년 놀라운 흥행 기록을 세웠던 한국 영화 〈건축학개론〉의 상황이기도 하다. 또 다른 한국 영화 〈파이란〉에서 남자 주인공 강재(최민식 분)는 그저 몇 푼의 돈을 벌기 위해 위장 결혼해주었던 중국 여성 파이란(장백지 분)이 죽은 다음에야 비로소 삼류 양아치 건달인 자신을 그녀가 진정으로 사랑했음을 깨닫고 주저앉아 회

한의 눈물을 흘린다. 그 순간 이미 강재의 머릿속에서 파이란에 얽힌 기억은 재구성될 것이다. 그녀가 나를 좋아했었다는 사실, 내 비루한 삶이 그녀를 통해 구원받을 수도 있었다는 사실, 그 사실을 안다고 해서 현실이 달라질 것은 전혀 없다. 그러나 머릿속에서 재구성된 기억은 이제 그녀에게, 그리고 내 삶에 새로운 의미를 부여하게 된다. 그러므로 롤랑 바르트는 사랑의 에피소드가 신화로 승격하는 통속적 과정을 다음과 같이 예리하게 설명한다.

> 사랑의 시간에는 어떤 속임수가 있다(이 속임수가 연애소설이라 불린다). 나 역시(모든 이들과 더불어) 사랑의 현상을 시작(첫눈에 반하는)과 결말 (자살·단념·냉담·은둔·수도원·여행 등)을 가진 하나의 '에피소드'로 생각한다. 그렇지만 내가 매혹되었던 처음의 그 장면은 단지 나중에 재구성된 것일 뿐이다. 현재 시제로 체험하지만 과거 시제로 변형시키는 충격적인 이미지를 재구성하는 것이다. "그를 보자 이내 내 얼굴은 붉어졌고 창백해졌다. 당황한 나의 영혼은 혼란에 빠졌다." 첫눈에 반한다는 것은 이렇듯 항상 단순 과거로 표현된다. 왜냐하면 그것은 동시에 과거이자(재구성된) 단순하기(규칙적인) 때문이다.
>
> _롤랑 바르트,《사랑의 단상》

이렇게 우리의 기억은 '지금 여기'의 관점에서 끊임없이 수정되고 편집되는 것, 즉 재구성되는 것이다.

6. 나의 기억, 너의 기억

> 사랑하는 사람이, 비록 그가 나와 닿지 못하는 서로 다른 장소에 있더라도 나와 같은 시
> 간에 외로움을 느끼고 있다면 우리에겐 어떤 외로움도 존재하지 않는다는 걸 알게 되었
> 다. 외로움이란 감정은 근본적으로 그렇게 반향적인 현상인 것 같다. 그 감정은 우리가
> 아는 사람이, 대개의 경우는 우리가 사랑하는 사람이 우리 없이도 다른 이들과 즐기고 있
> 을 때만 우리에게 되비쳐지는 감정이다.
>
> _발터 벤야민, 《발터 벤야민의 모스크바 일기》

    그러므로 필연적으로 '나'의 기억과 '너'의 기억은 달라진다. 이것은 어떤 의미에서는 과거란 순수한 상태로 그 자리에 보존되어 있는 것이 아니라 기억하는 이들의 서로 다른 시차視差, parallax를 통해서만 구성되는 것임을 의미한다. 실존하는 등장인물을 다시 만나서 서로 얘기를 맞추어보더라도 반드시 기억이 하나로 수렴될 수 있는 것은 아니다. 이미 그러한 커뮤니케이션 자체가 지극히 정치적인 과정이기 때문이다.

    한국문학사에 등장하는 유명한 사랑 얘기를 생각해보자.

지난여름 몇 차례인가 세속의 번잡함을 피해 서울 성북동에 있는 길상사를 찾았다. 그 절에 얽힌 사랑 얘기를 읽은 것도 그즈음의 일이다. 백석과 자야는 셰익스피어가 말한 '별(운명)이 엇갈리는 연인들'이었다. 식민지 시대의 시인 백석은 기생인 자야와 사랑에 빠지지만, 인습의 굴레를 벗지 못하고 헤어진다. 역사의 간지까지 겹쳐 백석은 평생을 북한에서 보내게 되고, 자야는 서울에 남아 요정을 운영한다. 길상사는 바로 자야가 죽기 전 법정 스님에게 기부한 요정 터에 세워졌다. 슬픈 사랑의 에피소드로부터 나는 구조와 개인의 관계를 떠올렸다. 개인이 구조를 거스르려 할 때 얻는 건 많은 경우 때로는 죽음으로까지 이르는 좌절일 따름이다. 해서 대부분의 개인들은 주어진 구조를 체념으로 받아들인다.

그렇지만 구조라는 것도 결국 개인들이 모여 만들어지는 것이 아니던가? 이를테면 백석이 바람 머리를 휘날리며 광화문 네거리를 활보하던 잘생긴 예술가가 아니었더라면, 자야가 일본 유학까지 한 아름답고 지적인 기생이 아니었더라면, 그들의 슬픈 사랑은 결코 탄생할 수 없었을 것이다. (……)

구조의 극복을 꿈꾸었던 백석은 자야에게 함께 만주로 도망갈 것을 설득했다고 한다. 자야는 그런 백석을 끊임없이 타이르며 세상 속으로 되돌려보냈다고 한다. 그러나 결국 떠난 것은 백석이고, 평생을 사랑의 기억과 함께 남은 것은 자야였다. 그렇다면 진실로 구조를 뛰어넘은 것은 오히려 자야가 아니었을까? 비록 자야 자신이 "봇물이 터지는 듯한 그리움"으로 살다 죽었을지언정, 그것은 적어도 가야 할 방향만은 분명한 길인 까닭에 결코 절망적이지는 않았을 터이므로.

_ 류동민, 〈구조를 넘어〉, 《한겨레》, 2012년 2월 6일

그러나 이상의 이야기는 오랜 세월이 흐른 뒤에 노인이 된 자야가 쓴 회고록인 《내 사랑 백석》에 거의 전적으로 의거하고 있다. 우리는 백석의 이야기를 들어볼 수 없다. 그러므로 자야의 기억과 백석의 기억을 객관적으로 비교할 수 없는 것이다. 최근에 출간된 백석 평전인 《시인 백석》에 따르면, 자야의 기억은 과장되거나 심지어는 왜곡되었다고 한다. 예를 들어 〈나와 나타샤와 흰 당나귀〉라는 백석의 유명한 시를, 자야는 자신을 위해 지은 것이라 하고, 백석 평전은 다른 여성을 마음에 두고 쓴 것이라고 주장한다. 자야의 주장이 맞을 수도 있고 평전의 주장이 맞을 수도 있다. 또는 하나의 기표에 여러 기의가 응축되듯이, 백석의 나타샤는 실은 그가 살면서 만나고 사랑한 여러 여성들이 응축된 존재일 수도 있다. 한용운의 시 〈님의 침묵〉에 등장하는 '님'은 교과서에서 가르치듯이 조국일 수도 있지만 부처의 가르침일 수도, 백담사에서 만났다는 보살일 수도, 심지어는 이 모든 것들의 융합일 수도 있다. 어쩌면 백석은 문학의 세계와 현실의 삶을 분리하여 이 시를 썼을 수도 있다. 그러므로 나타샤는 진짜 여자가 아니라 백석이 부딪혔던 현실의

어려움을 벗어나게 해주는 이상향 같은 이미지를 의미할 수도 있다.

이 경우 객관적으로 있었던 사실에 대한 해석이나 의미 부여도 달라지게 된다. 다시 한 번 백석과 자야의 이별 에피소드를 보자. 1940년 1월에 백석은 만주로 떠난다. 자야의 회고에 따르면 떠나기 전 백석은 왕십리역 대합실 구내 다방으로 그녀를 불러내 "함께 만주에 가지 않겠느냐?"고 물어본다. 당시의 왕십리는 도심에서 많이 떨어진 인적이 드문 곳이었으므로 자야는 백석이 "사람들의 눈을 피하려고 그 변두리 먼 곳까지 나오라 했던 것 같다"라고 말한다. 그러나 이 이야기 자체를 "자야의 약간은 의심스러운 증언"이라고 판단하는 평전 저자의 해석은 다음과 같다.

> [백석은] 집[뚝섬] 근처인 왕십리에서 자야를 만났을 것이다. 남의 눈을 피하기 위해 왕십리에서 만난 것이 아니었다. 이미 자야에 대한 애정이 식어버린 백석은 마지막으로 자야에게 형식상으로 만주에 간다는 말을 전했을 뿐이다.
>
> _송준,《시인 백석》

앞에서 인용한《발터 벤야민의 모스크바 일기》에 나오는 구절은 사랑과 외로움의 짝에 관해 말하고 있다. 서로 사랑하는 사람들이 물리적으로는 떨어져 있더라도 같은 느낌을 갖고 있다면 외롭지 않다는 것,

외로움은 서로의 느낌이 다를 때 찾아온다는 것. 그런데 느낌은 결국엔 각자가 간직한 기억의 산물이다. 따라서 벤야민의 사랑/외로움의 짝을, 사랑을 넘어 일반화하면 기억의 일치/엇갈림이 될 것이다. 나의 기억과 너(그들)의 기억이 일치할 때 우리는 외롭지 않다. 나의 기억과 너(그들)의 기억이 엇갈릴 때 우리는 외로워진다. 이 외로움은 연인에게 잊히는 슬픔 못지않은 고통, 헤겔식으로 표현하자면 인정욕구의 좌절을 가져다준다.

〈서울, 1988년 여름〉의 등장인물들도 나름의 기억을 가지고 있을 것이고 그것들은 나의 기억과 어긋날 것이다. 결국 나의 기억과 그들의 기억이 얽히면서 지금 여기의 나와 그들을 구성하게 된다.

물론 그렇다고 해서 반드시 이 세상에 확실한 진리는 없고 각자의 이야기만이 존재한다는 식의 포스트모던한 주장을 지지하려는 것은 아니다. 이야기는 단지 이야기가 아니라 현실의 힘 관계를 반영하여 나와 너의 행동을 규정하고 그것들이 모여 사회의 변화를 이끌어내기 때문이다.

자야와 백석의 사적 관계에 대해서만도 벌써 세 가지의 이야기가 존재한다. 자야의 이야기와 백석의 이야기, 그리고 평전 작가의 이야기. 이 세 이야기들은 서로 부딪히며 크기와 방향을 달리하는 벡터를 만들어낸다. 그 벡터에 따라 이 이야기의 주인공들, 그리고 독자들은 각자의 삶에 영향을 받게 되는 것이다. 자야가 백석의 사랑을 자신만을 향한 절대적인 것으로 오해했을 수도 있고, 사실은 그렇지 않음을 알면서도 자신의 역할을 부풀렸을 수도 있다. 그러나 현실의 변화에서 더 중요한 것은 자야가 백석과의 사랑을 어떤 형태로든 기억하려 하면서 거의 모든 재산을 법정 스님에게 기부하는 행동을 취했다는 데 있다. 이것은 비유하자면 기독교도들을 박해하고 다니던 바울이 영적 체험을 거친 후 기독교의 세계화에 기여하는 실천에 평생을 바치게 되는 것과도 같다. 그러므로 알랭 바디우는 바울의 이야기를 하나의 알레고리로 해석한다. 즉 바울은 안락한 부르주아 가문 출신의 프랑스인 파시스트였으나 계시를 받아 레지스탕스에 참가하는 인물일 수도 있고 사회주의혁명의 투사인 볼셰비키일 수도 있다. 예수가 마르크스라면 바울은 레닌이라는 바디우의 명제는 이로부터 나온다.

7. 기억의 투쟁

세계라는 건 말이지…… 하나의 기억과 그 반대편 기억의 끝없는 싸움이야.

_무라카미 하루키, 《1Q84》

그러므로 '나'의 기억과 '너'의 기억은 어쩔 수 없이 서로 싸우게 된다. 기억의 투쟁인 것이다. 기억은 편집과 왜곡의 자기강화 과정을 거치면서 '말하고 싶은 것'과 '믿고 싶은 것'을 확신으로 바뀌게 만드는 한편으로 '말하고 싶지 않은 것'과 '믿고 싶지 않은 것'을 잊히도록 만든다. 물론 이 네 가지, 즉 '말하고 싶은/싶지 않은 것'과 '믿고 싶은/싶지 않은 것' 모두가 재현의 구성 요소이며, 그중 어느 한두 가지만 부각시키는 것은 재현을 불완전하게 만드는 근본 원인이지만 어느 정도는 피할 수 없는 것이기도 하다. 그런데 이러한 기억의 투쟁은 '나'와 '너' 사이에만 일어나는 것은 아니며, '나'의 안에서도 끊임없이 일어난다. '나' 안에서 기억의 투쟁, 정확하게 표현하자면 재현의 투쟁이 해결되는 방식에는 두 가지 유형이 존재한다.

1980년대 중반 이후 오랜 금기를 깨고 한국전쟁 당시 파르티잔의 활동을 다룬 소설이나 회고록 등이 출간되기 시작했다. 그중에서 이병주의 《지리산》은 이분법적 논리로 보자면 공산주의 이념에 대한 냉소를 담고 있다는 점에서 반공소설이라고 할 수 있다. 《지리산》의 주요 등장인물 중 하나인 박태영은 식민지 시대 검정고시에서 전국 수석을 차지할 정도의 수재이지만 어려운 경제 사정 때문에 일본 유학을 포기하고 결국 공산주의자가 되어 지리산에서 최후를 맞이한다. 《지리산》이 재현하는 파르티잔들은 결코 '조국 해방'의 대의를 위해 장렬하게 투쟁하다가 죽어가는 모습을 보여주지 않는다. 오히려 박태영은 자신의 사상적 출발점과 비참한 현실 사이에서 끊임없이 갈등에 휩싸인다. 민주화라는 당시의 사회 분위기에 영향을 받은 탓이었을까, 《지리산》을 원작으로 만들어진 텔레비전 드라마에서 박태영은 "혼자만의 공산주의"를 끝까지 지켜나가겠다고 마음속으로 다짐하기도 한다(물론 이것은 내가 기억하고 있는 드라마의 한 장면이므로 내 기억의 재구성이나 편집을 통해 왜곡된 것일 가능성도 있다). 그러나 실은 혼자만의 사랑이 제대로 된 사랑이 될 수 없는 것과 마찬가지 이유에서 공산주의 이념의 정의상 "혼자만의 공산주의"란 불가능하다. 그럼에도 박태영이 그렇게 독백하며 다짐하는 이유는 결국 자신이 '믿고 싶은 것'을 축소되고 수정된 형태로나마 반복함으로써 계속 믿기 위해서일 것이다. 흔히 말하는 지식인다운 고뇌라는 것은 이와 같이 '믿고 싶은 것'과 '믿고 싶지 않은 것'이 내 마음속에서 서로 투쟁하는 상황에서 그 파국적 결말을 막기 위해 취하는 예방적 조치라고도 할 수 있다. 그러므로 굳이 그것이 지식인에게만 특유한 속성일 까닭은 없다. 이 경우 기억의 재현은 믿음과 쉴 새 없이 충돌한다. 또는 현실과 재현은 끊임없이 서로 엇갈린다. 이것이 우리가 흔히 경험하는 첫 번째 유형이다.

두 번째 유형은 머릿속에서 일어나는 재현의 과정이 현실과 완벽하게 합치된다고 믿는 것이다. 예를 들면, 1980년대의 급진 좌파나 주사파에서 출발하여 20여 년 뒤에 극우 보수로 옮아가는 식의 극적인 변화를 겪은 사람들일수록 자신의 '재현'에 대해 흔들리지 않는 확신을 갖는 경향이 있다. 이들에게는 과거에 자신들이 잘못 선택했던 이념이나 정치적 입장의 근거와 오류가 머릿속에서, 나아가 말이나 글에서 거의 완벽하게 재현될 수 있다는 믿음이 있다. 에릭 호퍼가 《맹신자들》에서 광신적 종교, 민족주의, 심지어는 공산주의나 나치까지도 동질적인 심리 유형을 지닌 사람들의 지지에 기반하고 있다고 설파한 것은 이러한 맥락에서 이해할 수 있다. 그러므로 맥락은 약간 다르지만 "토대를 갖춘 믿음의 토대에는 토대가 없는 믿음이 있다"라는 비트겐슈타인의 선언적 문장은 여기서도 타당할 것이다. 대개 이러한 태도는 현실의 정치적·문화적 권력의지와 결합되어 '나'의 머릿속에서 일어나는 기억들의 투쟁을 하나가 다른 하나를 제압하는 형태로 마무리하게 만든다. 물론 그것이 '나의 기억'과 다른 '너의 기억'에 대한 억압적 태도로 이어지는 것은 무척 쉬운 일이다.

2장

텍스트
분석

〈서울, 1988년 여름〉은 소설의 형식을 갖추고 있다. 이 글은 원래 《자본론》의 한글 번역본 출간과 관련된 몇 가지 역사적 기록을 검토하는 과정에서 구상되었다. 글의 시작은 페이스북에 올린 간단한 메모와 그에 관해 지인들과 주고받은 댓글이었다. 나는 곧 이것을 좀 더 엄밀하게 다듬어서 논문이나 에세이 형태로 만들어야겠다고 결심하고 쓰기 시작했다. 그러나 글을 쓰다 보면 펜, 정확하게는 키보드가 머리를 배반하여 스스로 내달리는 경우가 종종 있다. 이것은 마치 프로이트가 말하는 이드id가 우리의 의식적인 통제에서 벗어나 제 마음대로 달려 나가는 것과도 비슷하고, 혀가 머리를 배반하여 생각과는 다른 말이 불쑥 입에서 튀어나오는 것과도 비슷하다. 그래서 내가 쓰기 시작한 논문 또는 에세이는 곧 소설의 형식을 띠기 시작했다. 그러나 나 스스로 제대로 짜여진 한 편의 소설을 쓸 수 있는 문학적 재능이 없다는 것을 잘 알고 있으므로 첫 단락을 다음과 같이 시작했다.

팩션이라는 형식을 빌린 이 글을 통해 나는 한국 사회에서 마르크스의 원전, 그중에서도 가장 중요한 《자본론》이 번역되는 시절의 한 삽화를 묘사하고자 한다. 1980년대 말 마르크스 원전의 출간 붐은 내가 속한 이른바 386세대의 적어도 일부에게 있어 지적으로나 사회적으로나 매우 중요한 의미를 갖는 사건이었다. 물론 나의 개인적 경험이 녹아 있는 이 글이 당시의 상황에 대한 특권적인 묘사는 될 수 없음에 유의하여야 한다.

그렇게 함으로써 그다음에 이어질 글이, 거창하게 말하자면 문학적 성취가 있는 것인지, 좀 더 현실적으로 말하자면 과연 소설로서 성립할 수 있는가, 또는 왜 소설이라는 형식으로 썼어야 하는가를 둘러싼 논란을 미리 차단하고 싶었기 때문이다. 그러나 몇 가지 계기, 이를테면 초고를 읽어본 지인의 격려를 듣게 되면서, 혹은 소설을 어딘가에 실으려면 등단이나 문학상 공모 등의 어려운 과정을 거쳐야 한다는 사실을 알게 되면서 오히려 키보드는 더더욱 머리를 배반하여 점점 더 소설에 가까운 형식을 갖게 되고 말았다. 그런데 어떻게 보면 스스로 소설이 아니라고 주장하는 것은 실상 내면 깊은 곳에서는 "나도 소설 정도는 충분히 쓸 수 있다"는 자의식을 감추기 위한 표현일 수도 있다. 사람들은 흔히 "내 자랑은 아니지만……"이라고 운을 떼며 자기자랑을 늘어놓는다. 이를 한 단계 뛰어넘는 행동은 다른 사람들이 보통 그렇게 말하면서 자기자랑을 한다는 사실을 지적하고 나서 자기자랑을 하는 것이다. 이를테면 듣는 이의 정서적 반응을 미리 한 번 짚어두고 시작하는 것, 게임이론 등에서 말하는 추측된 변화conjectural variation, 즉 상대방이 어떻게 반응할 것인가까지 감안하여 행동하는 것이다. 우리는 일상적 대화에서조차 자주 그렇게 행동한다. 어쨌거나 당연하게도 형식은 내용을 규정하기 때문에 텍스트는 당초 논문이나 에세이로 구상했을 때는 물론 팩션 형식을 빌렸을 때와도 꽤 달라진 모습으로 마무리되었다.

이제 여기서는 〈서울, 1988년 여름〉을 텍스트 삼아 재현이라는 과정이 어떤 식으로 이루어지는가를 분석할 것이다. 굳이 글의 성격을 따지자면, 나 자신이 쓴 텍스트에 대한 나 자신의 일종의 정신분석이라고 할 수 있다. 즉 특정한 사건이나 장면에 관한 나의 기억과 진술이 의도하는 바, 그리고 더 중요하게는 감추고자 하는 바가 무엇인가를 마치 정신분석가의 시각으로 환자를 분석하듯이 풀어볼 것이다. 그러므로 그것은 내가 겪은 1988년의 서울을 글을 통해 재현한 텍스트를 정신분석함으로써 다시 재현하고자 한다는 의미에서 이중의 재현, 즉 재현의 재현인 셈이다.

사실 이러한 작업의 전범은 루이 알튀세르의 자서전 《미래는 오래 지속된다》일 것이다. 알튀세르는 정신착란 상태에서 아내 엘렌을 목 졸라 죽인 비극적인 스캔들 이후 오랜 침묵 끝에 자신의 정신분석을 수행하는 글을 썼다. 그런데 이 재현의 재현은 형식적으로 보면 '범인'인 알

뒤세르가 자신의 범죄 행위를 분석하는 것이므로 저자 자신이 마지막까지 독자들에게 숨기거나 왜곡하고 싶은 의도가 끊임없이 작동하는 것으로 보아야 한다. 물론 그것을 읽어내는 것은 독자들이 해야 할 일이다.

마찬가지로 이 글은 어디까지나 내가 나 자신의 사적 경험에 기초하여 쓴 소설, 또는 사실과 허구의 융합에 관해 스스로 분석하는 것이므로 그 재현의 재현 과정에도 마지막까지 독자들에게 감추거나 왜곡·과장하고 싶은 욕망이 끊임없이 작동할 수밖에 없다. 그러므로 여기서는 재현의 재현을 다시 재현하는, 말하자면 삼중의 재현이 필요한 셈인데 그것은 독자의 몫일 것이다. 이를 전제로 〈서울, 1988년 여름〉에 등장하는 사건, '나'의 기억 및 주장 등에 관해 분석하고자 한다.

1. 사실과 허구: 교차 및 융합

네. 저는 진실을 말하지 않은 채 진실을 말하는 방법을 찾아내야 해요. 결국 문학이란 정확하게 그것이지요. 은밀하게 진실을 말하는 능숙한 거짓말.

_시몬 드 보부아르, 《연애편지》

이 텍스트는 기본적으로 1988년 여름 언저리를 중심으로 내가 개인적으로 경험한 사실들에 기초한 글이다. 등장인물이나 사건, 장소 등은 큰 줄기에 있어서는 대체로 실존했던 것들이고 내가 직접 겪었던 일들이지만 세부적으로는 그렇지 않은 것들도 있다.

글을 처음 시작할 때 소설을 쓸 것인가 논픽션을 쓸 것인가를 결정함으로써 쓰는 이의 태도가 달라질 수 있다. 만약 논픽션이나 역사적 기록을 쓰겠다고 마음먹는다면 일단 과거에 경험한 사실들을 객관적으로 정확하게 기록해야 한다는 과제가 부여된다. 반면에 소설을 쓰겠다고 결심하는 순간, 그 형식적 요구 때문에라도 여러 가지의 크고 작은 허구들이 삽입된다.

허구를 삽입하는 본질적인 이유는 내가 말하고 싶은 것을 더 잘 말하기 위해서이다. 예를 들어 과거에 일어난 일에 관해 학술 논문을 쓰는 역사학자라면 자신의 주장을 뒷받침할 수 있는 실증적 데이터가 없으면 단 한 줄도 쓸 수가 없다. 자연과학 분야에서 심심찮게 일어나는 실험 결과 조작 스캔들은 학문적 명성을 위해서건 연구비 수주를 위해서건 그 동기가 무엇이건 간에 말하고 싶은 것을 억지로라도 더 잘 말하기 위한 시도라고 볼 수 있다. 통계학적 기법을 활용하는 계량경제학 분야에서도 원하는 결과를 무엇이건 얻어낼 수 있다는 자조적인 농담이 있을 정도이므로 사정은 크게 다르지 않다.

그런데 같은 주제라도 역사소설을 쓰는 경우라면 문학적 상상력을 통해 많은 부분을 채워 넣을 수 있고 그렇게 함으로써 자신이 하고 싶은 말을 할 수 있다. 김제 벽골제가 저수지인가, 아니면 방조제인가를 둘러싼 소설가 조정래와 경제사학자 이영훈의 논쟁이 그 좋은 예이다. 조정래는 《아리랑》에서 비옥한 땅이던 김제평야가 일본 제국주의에 의한 수탈의 대상이 되었음을 소설적 상상력으로 묘사한 반면, 식민지 근대화론자인 이영훈은 벽골제는 그저 방치된 둑에 지나지 않았고 김제평야는 일제의 수리 사업을 통해 비로소 비옥한 곡창 지대가 되었다고 주장하면서 《아리랑》에 대해 "광기 서린 증오의 역사소설"이라 비판했다. 이 논쟁은 어느 쪽이 옳은가에 관계없이 실증적 데이터만 확보한다면 '있었던 그대로의 역사'를 밝히는 것이 과연 가능한가라는 철학적 문제를 제기하고 있다.

그러나 말하고 싶은 것을 말하는 것보다 어쩌면 더 중요한 이유는 말하고 싶지 않은 것을 말하지 않기 위함에 있다. 말하고 싶지 않은 데에는 여러 가지 이유가 있을 수 있다. 누구나 자신에게 불리한 얘기는 하지 않으려 할 것이고 반대로 자신에게 유리한 얘기는 부풀리고자 할 것이다. 많은 종류의 자서전이나 회고록 등에서 같은 시기에 같은 사건을 경험했던 사람들의 서술이 어떤 경우에는 정면으로 배치되는 것도 그 때문이다. 사건에 대한 해석이 엇갈리는 것이야 그럴 수 있다 하더라도 객관적 팩트 그 자체에 대한 기억조차 입장에 따라 달라지는 것을 흔히 볼 수 있다. 그러므로 이 점에서는 픽션과 논픽션 사이에, 즉 허구와 사실 사이에 건널 수 없는 강이 존재하는 것은 아니다.

완벽한 상상에 기초한 이야기가 아닌 이상, 말하고 싶지 않은 것만을 추려내어 침묵한다는 것은 매우 어려울 뿐만 아니라 어쩌면 불가능한 작업이다. 이야기의 일관성이나 논리적 연결 등에 공백이 생기기 때문이다. 그 공백은 적절한 상상력으로 채워져야 한다. 이는 마치 다음의 인용문에서처럼 부족한 실력으로 외국어를 번역하는 상황과도 비슷하다.

> 사실 내 독일어 실력은 일단 단어들을 사전에서 찾은 다음, 그것들을 적절하게 조립하여 한국말이 되도록 문장을 만들어내는 수준이었다. 비유하자면 낱낱이 흩어져 있는 많은 레고 조각들을 모아서 원래 모습이 무엇이었을지 상상하면서 다시 조립하는 작업과도 같았다. 내가 생각하는 완성품을 만들고 나서도 어떤 때는 레고 조각이 남았고 또 어떤 때는 모자랐다. 남는 조각은 버리고 모자라는 조각은 적당한 상상력으로 채워 넣었다. 원래 우주정거장이었을지도 모르는 레고 세트로 나는 우주선을, 심지어는 로봇을 만들어내기도 했다.(26~27쪽)

그렇지만 이것은 단지 외국어 실력이 부족한 것 때문에만 생겨나는 문제는 아니다. 외국어를 이해하기에 충분한 능력이 있더라도 그것을 표현할 모국어 능력이 부족하다면 제대로 번역을 해낼 수 없다. 예를 들면 영어로 된 경제학 책을 번역할 때 영어에는 능통하지만 경제학 지식이 전혀 없는 번역자보다 오히려 영어 실력은 부족하더라도 경제학 지식을 갖춘 번역자가 더 나은 결과를 가져올 수 있다.

"번역은 제2의 창작"이라거나 "번역은 반역"이라는 말은 하나의 언어를 다른 언어로 바꿀 때 나타나는 어려움을 지적하고 있다. 그러나 이 어려움이란 번역이나 통역 작업에만 고유한 것은 아니다. 하나의 사회와 다른 사회가 만날 때, 작게는 하나의 개인과 다른 개인이 관계를 맺을 때 이러한 어려움은 반드시 나타난다. 공통된 것으로 더 이상 환원할 수 없는 개별성이 존재하기 때문이다.

예를 들어 똑같은 종류의 부상을 당한 두 사람을 생각해보자. 기계적 유물론에 따르면, 두 사람의 물질적 근거는 동일하다. 그러나 물리적으로 완전히 동일한 내용과 정도의 부상을 당했다 하더라도 두 사람이 각자 느끼는 고통의 크기가 완벽하게 똑같아지는 것은 아니다. 그 개별성이란 정의상 환원 불가능한 것이므로 타인에게 완벽하게 전달될 수 없다. 의사와 환자 사이의 커뮤니케이션이 때때로 부정확한 이유도 그 때문이다. 내가 느끼는 아픔의 양적 크기와 질적 특성을 완벽하게 전달할 수단이란 존재하지 않는 것이다.

그렇다면 번역의 문제는 결국 커뮤니케이션의 문제이기 때문에 모국어로 의사소통하는 경우에도 본질적으로는 똑같은 문제가 발생한다. 아울러 그것은 거의 모든 인간관계에 가로놓여 있다. 그러므로 문학평론가 이광호가《사랑의 미래》에서 썼던 "사랑의 실패란 많은 경우 사랑

을 말하는 언어의 실패"라는 명제는 삶의 다른 많은 영역에도 적용 가
능하다. 인문학이 말하는 것은 바로 이 지점이다.

(A) 허구적 인물이나 사건의 도입

허구는 우선적으로는 가공인물을 등장시키거나 없었던 사건을 삽입
하는 형태로 이루어진다. 그러나 그것들이 그야말로 아무것도 없는 상
태, 즉 무無로부터의 상상에 기초하는 것은 아니다. 예를 들어 다음 단
락을 보자.

> 당장 석사 학위 논문을 쓰는 일에조차 자신감을 잃어버린지라 오랫동
> 안 사귄 그녀와도 헤어지기로 마음먹었다. 실은 약속 장소에 나타나지
> 않은 그녀가 전화로 결별을 제안해왔고 나는 그에 순순히 따르기로
> 한 것이지만. 엄밀히 말해서 내가 승인한 것은 헤어짐 그 자체가 아니
> 라 헤어질 수밖에 없는 상황, 그것을 강제하는 구조였다.(19쪽)

이 단락에서 내가 헤어지기로 마음먹은 "오랫동안 사귄 그녀"는 가공
의 인물이다. 그렇지만 이것은 글쓴이의 마음속에 그에 대응하는 현실
적인 기초가 아예 없다는 의미에서의 완벽한 허구는 아니다. 비록 꾸며
낸 이야기이지만 그것을 통해 나타내려는 생각이나 감정, 사실이 존재
한다. 이는 말하자면 내가 생각하는 뜻, 이른바 기의를 사회적으로 통

용되는 단어, 즉 기표로서가 아니라 내가 만들어내거나 골라온 다른 기표를 가지고 표현한 것이라 할 수 있다.

한편으로 "헤어짐 그 자체가 아니라 헤어질 수밖에 없는 상황, 그것을 강제하는 구조"라는 서술은 내가 이 시기 또는 나중에 직면해야 했던 몇 가지 경험들을 형상화한 것일 수 있다. 그것은 1988년 시점에서 더 이상은 전업 대학원생으로 지내기 어려워진 경제적 형편을 상징하는 것일 수도 있고, 텍스트에는 나타나 있지 않은 시기, 그러니까 1988년 이후 현재까지, 이를테면 마르크스 연구자라는 사실 때문에 부딪혔던 현실적인 어려움, 예를 들어 대학 교수나 연구원 등의 직업을 얻고자 할 때 겪을 수 있는 정치적 곤란, 또는 자본주의 안에서 밥벌이를 해야 한다는 실존적 조건과 자본주의 체제의 모순에 관해 공부하고 적어도 그것을 끊임없이 지적하는 '이론적 실천'을 해야 한다는 자의식 사이의 딜레마를 나타내는 것일 수도 있다. 이 경우 "그녀"는 예를 들면 내가 추구하고자 했던 안락함이나 일자리, 평판, 또는 그 어떤 감추어진 정치적 욕망에 대한 메타포인 셈이다.

다른 한편, 이 단락은 실제로 내가 진짜 여자 친구와 겪은 갈등을 은유한 것일 수도 있다. 예를 들어 관계가 진전되면서 장해물로 변해버렸고 나로서는 통제할 수 없었던 그 어떤 구조적 요인을 그렇게 표현하는 것이다. 이 경우에는 "그녀"가 아니라 "상황, 그것을 강제하는 구조"가 하나의 메타포가 된다.

결국 두 가지 중 어느 경우이건 간에 앞의 인용문은 일정한 메타포를 지니고 있는 것으로서, 순수한 허구가 아니라 사실과 허구가 결합된 표현임을 알 수 있다.

(B) 시공간적 배경의 바꿔침

실제로 있었던 일이기는 하나 등장인물이나 시간 또는 장소를 바꿔치는 형태로도 허구는 도입될 수 있다. 우리가 일상에서 흔히 경험할 뿐만 아니라 심지어는 위대한 고전으로 평가받는 문학작품 등에도 심심찮게 나타나는 연대기착오^{anachronism}는 이러한 과정의 부산물이기도 할 것이다.

다음은 '작업실'에서 알게 된 소설가와 얘기를 나누는 에피소드이다.

> 또 어느 날인가는 성적 욕구의 억압이 한국 사회를 병들게 한다는 얘기를 했다. 잠자코 젓가락질만 하고 있던 내가 퉁명스럽게 대꾸했다.
> "지금 한국 사회가 성적 억압 때문에 문제를 겪는 상황이라고는 생각하지 않는데요?"
> "허허, 우리 젊은 석학이 의외로 조선 시대네?"
> "최소한 주요모순은 아니지 않나요?"
> "카! 주요모순이라! 모택동을 탐독한 모양일세."
> "뭐, 그런 건 아니지만……."

"설사 당장에는 주요모순이 아니더라도 장기적으로 보면 누군가는 꼭 해야 할 이야기는 하는 게 지식인의 책무가 아닐까?"

"……"(44~45쪽)

내가 소설가와 여러 가지 주제로 대화를 했던 것은 사실이지만, 성적 억압의 문제를 가지고 얘기한 적은 없다. 이것은 실제로는 〈서울, 1988년 여름〉에서 묘사하는 시점보다 훨씬 뒤인 1990년대 중반(1994년이라 기억한다), 마광수의 소설 《즐거운 사라》 필화사건에 관해 리버럴리스트임을 자처하는 어느 지인과 내가 나눈 대화의 한 장면을 재현한 것이다. 물론 그 대화를 나눌 시점에 모택동이 직접 언급되지는 않았을 테지만 나는 주요모순이라는 개념으로 그 필화사건을 생각했다. 이를테면 3당 합당이라는 보수 대연합의 결과로 변형된 군사정권이 명맥을 유지하고 있던 1990년대 초반의 한국 사회에서 성적 억압에 대한 저항이나 성적 판타지의 자유로운 표현은, 당시의 내가 생각하기에는 모순의 우선순위에서 한참 밀리는 사회문제였다. 어쩌면 아예 사회적 모순이라고 생각조차 하지 않았을 수도 있다. 어느 자리에서 《즐거운 사라》 필화사건이 화제가 되었을 때 그 리버럴리스트가 텍스트에서와 같은 식의 이야기를 나에게 한 적이 있었다. 물론 나는 그 주장에 동의하지 않았다.

그렇지만 시간이 꽤 흐른 뒤에 나는 그 리버럴리스트의 주장에 상당한 정도로 동의하게 되었다. 그것은 이를테면 개인적인 경험을 통해 내가 성적 억압의 문제가 심각함을 이해하게 되었기 때문일 수도 있고, 유사 군사정권이 명실상부한 민간인 정권으로 바뀌면서 정치적 모순과 저항의 문제가 어느 정도 해결되고 나자 이른바 우선순위에 변화가 왔다고 느꼈기 때문일 수도 있다. 그리고 최근에 내가 《한겨레》에서 마광수 교수의 특집 인터뷰를 읽으면서 그의 입장을 훨씬 동정적으로 받아들였기 때문일 수도 있다. 물론 인터뷰를 한 신문의 논조도 내게 영향을 미쳤을 텐데, 사실 그 신문의 입장조차도 어쩌면 예전의 그것과는 크게 달라졌을 가능성이 있다. 실제로 1990년대 초반 이른바 진보 진영의 분위기를 감안한다면 《한겨레》가 《즐거운 사라》 필화사건을 보는 관점은 지금의 그것과는 미묘하게 달랐을 수도 있다. 다만 이것은 추측일 뿐, 자료 조사를 통해 확인한 바는 아니다.

어쨌든 한 가지 분명한 것은 '작업실' 소설가에 대한 나의 기억과 그로 말미암아 형성된 이미지가 몇 년 뒤에 우연히 얘기를 나누게 되는 그 리버럴리스트의 이미지와 겹친다는 사실이다. 즉 내가 가지고 있는 소설가에 대한 인상을 감안할 때 그가 해당 주제에 관해서 그렇게 말할 법도 하다는 나의 판단이 작용한 것이다. 그렇지 않다면, 아무리 허구라 하더라도 나는 엉뚱한 등장인물에게 개연성 없는 에피소드를 갖다 붙인 격이 되고 만다. 이것은 이른바 콜라주 기법, 즉 실제로는 여러 사람들이 행한 것을 마치 하나의 동일한 인물이 행한 것처럼 만드는 기법의 초보적인 형태이기도 하다.

다음은 '작업실'에서 일하던 시절, 저녁마다 근처 극장에 가서 영화를 보는 장면이다.

> 나는 근처의 극장에서 때로는 홍콩 누아르를, 때로는 에로 영화를 보면서 러시아워가 지나기를 기다렸다. 스크린 양쪽에 '정숙'과 '탈모'라는 커다란 글자가 새빨간 형광 불빛을 머금고 있던 영화관 안 곳곳에서는 관객들이 담배를 빨아들일 때 생기는 불빛이 반딧불처럼 반짝거렸고, 반딧불이는 다시 희푸른 연기로 탈바꿈하여 허공으로 모락모락 피어올랐다.(55~56쪽)

1980년대 중후반에는 에로 영화나 홍콩 누아르가 많이 상영되었고, '작업실' 근처에는 홍콩 누아르 전문 상영으로 유명한 극장이 있었다. 그러나 나는 적어도 1988년 여름에 그 극장에서 영화를 본 기억은 없다. 관객이 많이 들어차지 않은 영화관 안에서 적당히 주위 사람들의 눈치를 보며 담배를 피우는 것도 그 당시 변두리 극장에서는 쉽게 볼 수 있는 광경이었다. 그러므로 이 장면은 내가 실제로 여러 차례 경험한 사실에 기초한 것이지만 시간과 장소는 바뀌어 있다. 물론 이 장면을 집어넣은 것은 공부하고 논문 준비를 하는 정상적인 대학원생으로서의 생활에서 벗어나 있음을 말하기 위한, 내 나름의 '작가적 의도'에 따른 것이다.

장 자크 루소는 신분의 차이 때문에 이루어질 수 없는 연인들의 이야기를 다룬《신엘로이즈》라는 소설을 썼다. 이 소설은 등장인물들끼리 주고받는 편지 모음 형식으로 되어 있고 지은이는 편집자의 역할로만 등장한다. 루소는《신엘로이즈》를 위해 따로 대화체 형식으로 쓴 '제2 서문'에서 소설의 배경과 관련하여 "장소의 전위와 지형의 오류"가 있음에 주목하라고 했다. 그리고 그 편지들이 자신이 쓴 것인지 아닌지에 관한 질문, 즉 소설의 내용이 사실인지 허구인지를 묻는 물음에 대해서는 "거짓을 말하고 싶지 않다는 그것 자체"를 위해 답변을 거부한다고 썼다. 즉 루소도 사실과 허구의 경계를 흐릿하게 만듦으로써 '말하고 싶은 것'을 더 잘 말하고 '말하고 싶지 않은 것'을 회피하려는 의도로 공간적 배경을 바꿔쳤던 것이다.

(C) 현재의 관점에서 과거를 허구적으로 재구성하기

다음은 '작업실' 구성원의 저녁 식사 모임에서 '민중의 당'에 관해 얘기를 나누는 장면이다.

개량한복은 얼마 전 총선에서 국회의원을 하나도 당선시키지 못하고 사라질 운명에 처한 '민중의 당' 얘기를 꺼냈다.

"유세장에 갔더니 어떤 아저씨가 막 화를 내면서 저런 빨갱이 새끼들,

아예 공산당이라고 이름을 붙이라고 소리를 지르더구먼요. 그런데 생각해보니 그게 일면의 진리를 담고 있는 말이더라고요. 떳떳하게 주장을 하면서 선전 선동하는 게 필요할 수도 있지 않나요?"

박 선배는 빙긋이 웃고만 있었고 잠자리 안경의 여자에게서 무슨 대답을 기대하기란 어려운 일이었으므로 내가 무언가 대꾸해야 했다.

"그렇지만 군바리를 대통령으로 뽑아주는 민돈데, 공산당이 가당키나 한 일인가요?"

"어차피 보수적인 사람들은 찍어주지 않으니, 노급(노동자 계급)의 이익이라도 확실하게 대변하는 게 낫지요."

"글쎄, 저도 공산당이 합법적으로 인정되는 날이 한국의 민주주의가 완성되는 날이라고 생각은 합니다만…… 아직은 아닌 것 같아요."

나는 '공산당' 대신 '김일성'이라는 말을 하고 싶었으나 주변 식탁의 손님들도 신경이 쓰였고 무엇보다 그게 진짜 내 생각인지 확신이 들지 않아서 참았다. 사실 그건 벌써 30년쯤 전에 시인 김수영이 말한 것이기도 했다.(47~48쪽)

여기에서도 시간과 장소 등의 배경은 바뀌어 있다. 저녁 식사를 하고 술을 마신 것은 사실이지만 '민중의 당'을 화제 삼아 얘기한 것은 그때 그 장소가 아닌 것으로 기억하기 때문이다. 그뿐만 아니라 내가 공산당 얘기를 하면서 머릿속으로는 김일성을 떠올리는 것도 사실이 아니다.

그런데 이 부분은 앞에서 리버럴리스트 지인과의 성적 억압에 관한 대화를 소설가의 대화로 바꿔친 것과는 맥락이 약간 다르다. 내가 간직한 이미지에 따르면 소설가는 그러한 주장을 할 만한 사람이다. 즉 1988년 여름의 시점에서, 물론 현실에서는 몇 년 뒤에 일어나는《즐거운 사라》필화사건이 화제가 되었다면 그 소설가는 텍스트에서처럼 말했을 것이다. 정확하게 말하면, 그렇게 말했을 것이라고 지금의 내가 생각한다는 뜻이다. 그렇지만 이 장면의 나는 김일성과 민주주의, 구체적으로 언론 자유를 연결지었을 법한 개연성을 가진 캐릭터가 아니다. 실제로도 문제의 김수영의 시, 〈김일성만세〉의 존재 자체를 내가 알게 된 것, 그리하여 시인이 이미 1960년대에 그런 식의 자유분방한 사고를 할 수 있었다는 사실에 깊은 인상을 받은 것은 훨씬 나중(2000년이라 하자)의 일이다. 그러므로 이 장면에서 시간과 장소의 바꿔침보다 더 중요한 것은 내 생각의 바꿔침이다. 1988년이라는 시점에 있었던 사건에 내가 2000년대에야 도달한 의식의 내용을 회고적으로 삽입하고 있는 것이다.

이제 (B)와 (C)의 에피소드를 그림으로 설명해보자. (B)에서는 1994년경의 에피소드를 1988년의 시점으로 가져가고 있다. 그러나 이러한 역행은 원래 1988년의 시점에서 그 소설가가 지닌 개인적 특성, 정확하게는 내가 그렇게 생각하는 특성에는 변화가 없는 채로 이루어진다. 시간의 흐름을 직선으로 표현한다면 이 경우 시간을 거슬러 올라간다 하더라도 그 흐름에는 변화가 없다. 반면 (C)에서는 2000년경의 생각을 1988년으로 옮겨놓고 있다. 그런데 '1988년의 나'는 '2000년의 나'처럼 생각하지 않았다. 그러므로 이러한 시간의 역행은 (B)에서처럼 직선을 따라 그대로 되돌아가는 것이 아니라 그 위로 그어진 비스듬한 직선 위의 어느 시점, 즉 1988′라고 이름 붙인 어딘가로 되돌아가는 것이다.

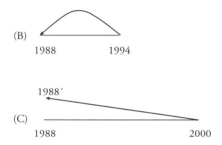

그런데 1988′가 만들어지는 것은 다시 2000년에 영향을 미친다. 〈백 투 더 퓨처2〉에서 괴짜 박사는 마티가 과거로 돌아가서 개입하는 바람에 현재가 헝클어졌고 그 결과 원래 출발했던 현재로 돌아가는 것은 불가능하다고 말하면서 다음과 비슷한 그림을 그린다. 즉 2000년의 시점에서 1988년에 개입하면 1988만 1988′로 변하는 것이 아니라 2000도 2000′로 변하는 셈이다.

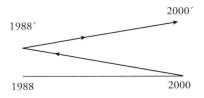

2000´

1988´

1988

2000

우리는 흔히 '나'라는 주체는 크게 변화하지 않는 항상성을 지닌 존재라고 생각한다. 그렇지만 '나'는 내가 맺고 있는 여러 사회관계들, 그리고 그것을 둘러싼 물질적 조건이 변화함에 따라 끊임없이 변화하고 있는 존재이다. 즉 '오늘의 나'는 이미 '어제의 나'와는 다른 존재이다. (C)의 에피소드에서 재현된 '나'는 이미 '1988년의 나'가 아니라 '2000년의 나'에 의해 수정된 '또 다른 1988년의 나'인 것이다. 마치 〈백 투 더 퓨처〉에서 마티의 개입을 통해 불량배들에게 당당히 맞서게 된 아빠가 1955년의 아빠가 아니라 1985년에 의해 수정된 아빠인 것처럼. 끊임없는 소통의 상호작용에도 불구하고 '나'와 '너'가 서로 다를 수밖에 없듯이, '과거의 나'와 '지금의 나'도 서로 다른 것이다.

2. 기억된 사실과 허구: 그 희미한 경계

과거에 정말로 있었던 사건이나 장면에 관해서도 내가 기억하고 있는 것은 실제 일어난 일과는 다를 수 있다. 20년 이상의 시간이 지나면서 내 기억에는 부정확한 부분이 존재한다. 그러나 더욱 본질적으로는 나의 행동이나 경험을 합리화하고 멋지게 포장하고 싶은 욕망, 반대로 경험과 생각을 감추거나 속이고 싶은 욕망이 끊임없이 작동하기 때문이다.

등장인물들이 나눈 대화는 부서진 유리 조각처럼 파편적인 이미지로만, 그것도 희미하게 머릿속에 남아 있기 때문에 아무리 기억력이 뛰어나더라도 공백이 생겨나게 마련이고 그 공백은 상상력으로 채울 수밖에 없다. 그러나 상상력이 중립적으로 작용하는 것은 아니다. 비록 허구적 장면이라 하더라도 등장인물이 실존인물을 모델로 하고 있다면 그 또는 그녀에 대해 내가 갖고 있는 이미지를 통해 그 장면이 재구성될 것이기 때문이다. 그 이미지란 것도 '지금 여기'의 관점임에 주의해야 한다. 25년 전에는 다른 이미지였으나 그 뒤에 발생한 어떤 사건을 통해 인물의 이미지가 변했을 수 있다. 지금 이 글을 쓰는 시점에서 내가 갖고 있는 이미지 역시 미래에는 변할 수 있다. 마치 역사가 현재의 관점에서 끊임없이 재해석되듯이, 내가 기억하는 인물의 이미지는 현재의 관점에 따라 끊임없이 재구성된다. 그러므로 "역사는 과거와 현재의 대화"라는 E. H. 카의 명제는 개인적 글쓰기나 말하기에도 그대로 적용될 수 있다.

루소는 자서전 격인 《고백》이라는 책에서 자신이라는 하나의 인간을 완벽하게 재현하려는 유례없는 시도를 하겠다고 선언한다. 그는 '사건의 연쇄'는 기억의 한계 때문에 부정확할 수 있으나 '감정의 연쇄'는 그렇지 않으므로 자신의 삶을 후자에 따라 서술할 것이라 주장한다. 그러나 '감정의 연쇄' 또한 현재의 관점에서 편집되는 것이 아닐까? 삶의 어느 단면에서 느꼈던 감정의 내용이 그 이후 삶의 전개와 의식의 변화에 따라 편집되고 변화하는 것이라면 결국 우리에게 남는 것은 변화하지 않는 감정의 연쇄가 아니라 커다란 감정적 충격을 주었던, 그래서 기억에 남아 있는 사건들의 연쇄일 따름이다. 루소처럼 만년에 기록을 남긴다면 어떤 식으로든 그러한 감정의 연쇄는 고정될 것이다. 그렇지만 그것은 그 기록을 남기는 시점에서 평가된 감정에 지나지 않는다.

예를 들어 오래전, 그러니까 10년이나 20년 전에 쓴 일기를 꺼내어 읽어보는 상황을 생각해보자. 무엇보다 먼저 그곳에 적힌 감정의 내용은 일단 지금 내가 기억할 수 있는 것과 기억할 수 없는 것으로 구분된다. 만약 내가 기억할 수 없는 일이라면 옛 일기를 읽음으로써 내가 할 수 있는 일이란 그 시절 이러한 감정의 변화를 겪었구나라는 간접적 사실 확인뿐이다. 만약 내가 기억할 수 있는 일이라면 다시 지금 기억하는 감정의 내용과 일기에 적힌 감정의 내용이 완벽하게 동일한 경우와

+

우리가 기억을 통해 재현해내는 감정의 연쇄는
마치 만화경kaleidoscope을 통해 들여다보는 형상처럼
같은 모양은 한 번도 나타나지 않고 끊임없이 변화하는 것일지도 모른다.

그렇지 않은 경우로 구분된다. 만약 두 가지 감정이 서로 다르다면 과연 우리는 어느 하나의 기억, 하나의 감정의 재현에 특권을 부여하여 그것만이 올바르고 나머지는 틀리다고 선언할 수 있을까?

(A) 현재의 관점에서 과거를 기억하기

'작업실'에서 출판사 편집장을 처음 만났을 때의 좋지 못한 이미지는 그 이후에 일어난 일들 때문에 왜곡된 것일 수 있다. 사실 첫인상이 어떠했는지는 기억이 잘 나지 않거나, 아니면 당시에는 내게 큰 관심사가 아니었을 수도 있다. 지금은 잊었으나 실제로는 좋은 인상이라 생각했을 가능성도 있다.

> 장발에 잠자리 안경을 낀, 전혀 사회과학 출판사에서 일할 것같이 생기지 않은 반질거리는 외모의 편집장(……)(33~35쪽)

> 그 그릇이 알려주는 바에 따르면 '작업실'에 모였거나 드나드는 사람들은 나의 동지여야 했고 느낌이 좋은 사람이어야 했다. 그런데 진실을 고백하자면, 이상하게도 처음 만났을 때부터 편집장의 잠자리 안경은 내 눈에 거슬렸다.(37쪽)

다음은 밀린 임금을 받기 위해 내가 출판사로 달려간 장면이다.

사장실 소파에 진을 치고 앉아 체불임금을 줄 것을 요구하며 사장이 나타나기를 기다렸지만 그는 오지 않았다. 그 대신에 편집장이 내 앞에 앉아 고르바초프와 소비에트연방의 미래에 관해 얘기했다. '작업실'을 그만둘 때까지 나는 결국 사장 얼굴도 보지 못했다.(53쪽)

그때 사장과의 면담이 이루어지지 않은 것은 사실이다. 출판사는 처음부터 편집장 한 사람만을 통해 '작업실'과 관계를 맺고 있었으므로, 그가 무엇인가 나의 불만을 달래기 위한 얘기를 했을 것임에는 틀림이 없다. 그리고 당시 고르바초프의 페레스트로이카가 편집장뿐만 아니라 많은 사람들, 특히 사회과학 출판에 종사하는 이들의 큰 관심거리 중 하나였다는 것도 분명한 사실이다. 그렇지만 체불임금을 받으러 간 자리에서 편집장이 굳이 "고르바초프와 소비에트연방의 미래"에 관해 얘기할 필요는 없었을 것이다. 어쩌면 오랜 시간 여러 얘기를 하던 중에 자연스럽게 그것이 화제에 올랐을 수도 있다. 그렇지만 이 장면에 대한 묘사에는 내가 편집장에게 갖고 있는 안 좋은 이미지가 작용하고 있다. 말하자면 나는 그가 엉뚱한 얘기로 화제를 돌리며 약속한 임금을 주지 않았다는 느낌을 갖고 있는 것이다.

물론 당초 '작업실'에 출근하게 된 가장 큰 동기인 돈을 버는 것이 뜻대로 되지 않았기 때문에 내가 출판사로 달려간 시점부터 고용주의 대리인인 편집장에 대한 인상이 급격하게 나빠졌을 수도 있다. 그러므로 처음 '작업실'에 나간 시점에 편집장에게 소설가를 소개받는 장면에 담긴 다음과 같은 느낌은 그 이후에 일어난 일의 결과로 왜곡된 것일 수 있다.

이렇게 말하며 편집장은 큰 소리로 웃었다. 그러나 왠지 그의 웃음소리는 그다지 맑게 들리지 않았다. (36쪽)

이와 같이 회고적 관점의 투영을 통해 편집장에 대한 좋지 못한 인상이 강화된 것은 실은 한참 뒤에 일어난 일에 관한 다음과 같은 묘사와도 관련이 있다.

잠자리 안경의 편집장은 독립하여 자신의 출판사를 차렸다. 그가 건축이었는지 미술이었는지, 하여튼 사회과학과는 무관한 새로운 분야에서 활약하는 전도유망한 출판인으로 인터뷰한 사진이 신문에 실린 것도 그즈음이었다.(77쪽)

이 부분의 서술은 얼핏 잘 드러나지는 않지만 내가 그에 대해 가졌던 부정적인 이미지를 함축하고 있다. 《자본론》을 번역하던 사회과학 출판사의 편집장이 "건축이었는지 미술이었는지, 하여튼 사회과학과는 무관한 새로운 분야"의 "전도유망한 출판인"이 되었다는 사실에 대해 냉소적인 시선을 담고 있는 것이다.

그러므로 정리해보면 편집장의 신문 인터뷰를 읽은 시점의 부정적인 느낌은 임금이 체불되었을 때의 불만에 대한 기억을 더욱 강화하고, 그 결과 궁극적으로는 그의 첫인상에 대한 부정적인 인상으로 고착된 것일 수 있다. 실제로 1980년대 후반, 많은 이들은 잠자리 안경을 끼고 있었으며 젊은 남자들은 거의 다 머리를 길게 길렀기 때문에 "장발에 잠자리 안경을" 끼고 있다는 사실이 "사회과학 출판사에서 일할 것 같이 생기지 않은 반질거리는 외모"라는 단정적 주장으로 이어질 근거는 없다. 편집장과 출신 학교도 같고 친구의 여동생과 오빠의 친구 관계로 묶여 있는 '작업실'의 여자 구성원, 적어도 그녀가 끼고 있는 잠자리 안경에 대해서는 내가 특별히 부정적인 이미지를 드러내고 있지 않은 것도 아마 이 때문일 것이다.

기억이 현재의 관점에서 이루어지는 행위라는 명제는 구체적으로 있었던 일, 즉 사건에 대해서뿐만 아니라 생각했던 바, 즉 의식에 대해서도 성립한다. 과거의 의식을 재현하는 데는 이미 현재의 의식이 개입한다. 다음 단락에서 현재시제와 과거시제가 번갈아 사용되는 것도 바로 그 때문이다. 지난 일에 대한 추억은 과거의 재현인 동시에 지금 시점의 기억이라는 점에서 이미 현재적 의미를 갖고 있다.

  파리 떼를 지나쳐간 내 눈길은 대충 발라진 싸구려 벽지의 푸르스름한 빛깔 위에 머물렀다. 거기엔 어린 시절 부잣집 아들인 친구의 하늘색 방에서 보았던 환등기의 슬라이드 같은 정지 화면이 차례차례 떠올랐다.

카페였을까? 호프집이었을까? 칵테일 잔에 든 스크루 드라이버였을 수도, 500cc 잔에 든 생맥주였을 수도 있다. 적당히 취기가 오른 나는 옆자리에 앉아 있는 그녀의 등 뒤로 왼손을 두른 채, 왼손으로 그녀의 어깨를 감쌀 것인지 말 것인지 한동안 망설인다. 내가 닿은 것이 먼저였을까? 아니면 옆으로 기울어진 그녀의 짧은 머리카락이 내게 먼저 닿은 것이었을까? 약간의 정적. 나는 고개를 돌려 그녀의 입술 위로 내 입술을 갖다 댄다. 더 이상 가까이 갈 수 없는 지점. 다시 한 번 망설임이 나를 기다리고 있었다. 우리는 침묵 속에서 말로는 도저히 표현할 길이 없는 수많은 기호들, 그러나 끝끝내 통약 불가능한 그 기호들을 주고받는다. 그리고 깊숙한 입맞춤. 순간 환등기의 불빛이 갑자기 사라져버렸다.

내 눈에는 이제 파리 떼만 보인다. 파리 떼 사이로 언젠가 그녀를 소스라치게 했던 바퀴벌레 한 마리가 기어갔다.(58~59쪽)

(B) 아름다운 과거와 구질구질한 현재

사실 '작업실'의 편집장에 대한 서술에는 1988년 여름의 서울에 대해 내가 갖고 있는 자기모순적인 두 가지 이미지가 숨어 있다.

우디 앨런의 영화 〈미드나잇 인 파리〉는 과거로 돌아간 주인공의 환상적인 이야기를 다루고 있다. 문학 청년 길은 약혼녀와 함께 파리로 여행을 떠난다. 약혼녀와 그 가족의 세속적인 요구와 자신의 문학적 열정 사이에서 고민하던 그는 밤길을 산책하다가 자정만 되면 1920년 대로 돌아가는 환상을 경험한다. 그곳에서 그는 헤밍웨이, 피츠제럴드 등과 만나 문학을 논하고 피카소의 연인이기도 했던 매혹적인 여성 아드리아나를 만나 사랑하게 된다. 그런데 여기에 등장하는 문인 및 예술가들은 한결같이 자신이 살고 있는 시대는 오염되고 나쁘다고 여기면서 과거의 특정한 시대를 그리워한다. 환상적인 시간 여행을 통해 1920년대의 '황금시대'로 들어간 남자 주인공은 바로 그곳이 최상의 시대라 생각하지만 시간 여행 속에서 다시 시간 여행으로 떠난 1890년 대의 이른바 '벨 에포크belle epoque'에서 아드리아나는 항상 꿈꾸던 그곳에 그대로 남고자 한다. 누구나 자신이 살고 있는 시대보다는 더 좋았던 과거의 어느 시기에 대한 동경, 바꾸어 말하자면 현재의 상황에서 벗어나고 싶은 욕망을 가지고 있다.

1980년대 후반 사회과학 출판사로 상징되는 세계에 대해 내가 갖고 있는 긍정적인 이미지는 그와 비슷한 것이다. 그러므로 사회과학 출판사의 편집장이 완전히 다른 분야, 그것도 내가 사회과학에 비해 덜 중요하거나 심지어는 '열등하다'고 느끼는 분야의 출판사 사장으로 상업적 성공을 거둔 것을 나는 '지나치게 재빠른 변신', 심지어는 '변절'의 이미지로 받아들이고 있는 셈이다. 물론 이렇게 판단을 내리게 되는 내 머릿속의 과정에서 편집장은 수동적인 역할만을 수행한다. 그러므로 그가 어떤 실존적 고민을 하고 있었을지, 그 어떤 고결한 동기에 의해 변신한 것인지에 관해, 그는 자신의 일임에도 불구하고 아무런 항변권도 갖지 못한다. 오직 박제화한 부정적 이미지만이 내 머릿속에서 굳어질 뿐이다.

그러나 이러한 일종의 '아름다운 시절'의 이미지는 자기모순적인 환상에 지나지 않는다. 내가 다른 한편으로는 '작업실'의 일에 대해 냉소적이고 환멸에 가까운 시선을 드러내고 있기 때문이다.

> '작업실'에서 나와 '선생님'으로 변신하는 순간, 정확하게 말하자면 더위를 쫓기 위해 반쯤 열어놓은 차창 사이로 윙윙거리는 소리가 점점 커지면서 좌석버스가 남산터널로 빨려 들어가는 순간, 비록 둘 다 불법이라는 점에서는 차이가 없었으나 나는 왠지 내 자리를 찾아 되돌아간다는 느낌이 들었다.(55쪽)

그러나 제대로 읽을 시간도 없으면서 책을 끝끝내 몸에 지니고 다닌 것은 실은 '작업실'에서 압구정으로 넘어가던 좌석버스 안에서 '선생님'으로 변신할 때의 그 느낌, 비루하고 음침한 세상을 벗어나 밝고 명쾌한 세상으로 나가는 듯한 그 기분을 다시 한 번 느껴보고 싶었기 때문이다. 말하자면 그것은 '작업실'의 자리는 '방위병'이, '선생님'의 자리는 '인텔리'가 차지하는 또 하나의 새로운 메타포였다.(68쪽)

'작업실'은 "비루하고 음침한 세상"의 이미지로 기억되고 그것은 난지도에서 쓰레기를 버리다가 "피가 채 덜 말라 있던 생리대가 군화 밑창에 달라붙으면 깨금발을 딛고 서서 털어내야 했"던 방위병의 세계와도 비슷한 것이다. 그렇다면 내가 '선생님'이나 '인텔리'가 은유하는 "밝고 명쾌한 세상"으로 나가고 싶어 하는 것과 마찬가지 이유에서 잠자리 안경의 편집장이 사회과학과 무관한 분야의 유능한 출판인이 되는 것을 냉소적으로 바라볼 근거는 전혀 없다. 실은 편집장의 부정적 이미지에 관한 묘사는 〈서울, 1988년 여름〉에 속해 있던 나 자신에 대한 냉소와 통한다. 헤겔은 "사랑이란 결국 타인에게서 자신을 발견하는 것"이라 말한 바 있다. 이 명제를 약간 비틀어보자면 내가 '너'를 부정적으로 바라보는 것은 실은 그 안에 비친 '나'의 모습에 대한 부정이라고 할 수 있다. 이 철학적 명제는 바로 여기에서도 적용된다.

과거를 아름다운 시절로 생각하는 태도와 짝을 이루는 것은 현재는 구질구질한 그 무엇이라는 태도이다. 그런데 텍스트 안에서 '작업실'은 구질구질한 곳, 따라서 벗어나고 싶은 곳이었으나 지금의 관점에서는 1988년 여름 전체가 아름다운 것으로 뒤바뀌는 현상이 생겨난 셈이다. 사실 1980년대 후반의 사회과학 출판사라는 범주에서는 합정동 출판사나 '작업실'이나 전혀 다를 바 없는 대상이었음에 주목한다면 이것은 자기모순적인 환상일 수밖에 없다.

텍스트 안에서 내가 자기모순을 감지하는 것은 고참병과 페레스트로이카에 관해 얘기하는 다음 장면이다.

> "있잖아. 페레스트로이카를 어떻게 봐야 하는 거냐?"
>
> "……"
>
> "사회주의가 정말로 망하는 건 아니겠지?"
>
> 나는 잠시 망설였지만 곧 형식적인 군인 말투를 버리고 학교 선배에게나 쓸 법한 부드러운 문장으로 대답했다.
>
> "더 많은 사회주의로서의 페레스트로이카라는 말이 있거든요."
>
> 공학 석사는 "그렇지?"라고 반색하며 인생의 첫 스텝이 꼬여버린 나이 든 현역병답지 않게 천진난만한 웃음을 지어 보였다. 공학 석사의 평퍼짐한 얼굴 위에 얹혀 있는 금테 안경알 위로 뭔가 기분 나쁜 웃음을 짓던 잠자리 안경의 편집장 얼굴이 겹쳐졌다.(66~67쪽)

나는 페레스트로이카가 사회주의의 후퇴나 종말을 의미하지는 않는다고 대답함으로써 고참병을 안심시킨다. 그 순간 고참병의 금테 안경알 위로 편집장의 얼굴이 겹쳐지는 것은 이 장면에서 내가 편집장과 비슷한 위치에 놓이게 됨을 의미한다. 사랑이 상대방의 얼굴에서 내 모습을 발견하는 것이라면 반대로 내 얼굴에서 부정적인 상대의 모습을 발견하는 것은 결국 자기부정에 다름 아니다. 즉 고참병의 안경알 속에 비친 것은 당연히 내 얼굴이어야 하지만 그 대신 부정적인 이미지를 지닌 편집장의 얼굴이 비친다는 것, 이는 그의 부정적인 모습 속에 사실은 내가 갖고 있는 부정적인 요소가 드러나고 있음을 의미한다.

(C) 이미지의 환유

한편 또 다른 편집장, 즉 합정동 출판사의 선배에 대한 기억에서도 이와 유사한 논리가 작동하고 있다. 선배와 나는 대학 시절 치열한, 그러나 감정적인 논쟁을 벌인 사이였다.

> 고독과 사랑에 관한 릴케의 단상들을 읽던, 아니 그 한글 번역문을 외우려 노력하던 시절, 나는 그 선배와 자하연 뒤편의 한적한 계단에 앉아 논쟁을 벌였다.
> "나는 사회주의는 싫어요."
> "사회주의가 역사의 필연이라면 네가 싫어도 받아들일 수밖에 없어."
> (26쪽)

그러나 이 논쟁으로부터 얼마 지나지 않은 시점에 그 선배는 "구로 공단의 어느 공장에 우유와 빵을 사들고 찾아갔다가 사복경찰과 구사대에게 피투성이가 되도록 얻어맞"고 "폭력전과 1범"이 되었다가 출판사 편집장의 자격으로 번역자인 나와 다시 만나게 된다. 그러므로 우리 둘의 재회는 이미 내가 선배에게 도덕적 우위를 선점당한 상태에서 이루어지고 있다. 물론 나는 "사회주의는 싫"다고 분명하게 선언함으로써 선배가 속해 있던 운동권의 세상에서 일단 벗어났으나 곧 그가 잡혀가면서 인간적인 미안함을 갖게 되었다. 그리고 다시 그가 새롭게 속하게 된 사회과학 출판의 세계에 발을 들여놓게 된 것이다. 물론 1980년대 후반 사회과학 출판의 세계는 크게 보면 운동권의 세계에 속하는 것이었다.

그러므로 선배와 나의 관계는 나와 잠자리 안경 편집장의 관계에 대한 환유이다. 비록 "내가 마르크스주의자인지 아닌지는 나도 잘 몰랐"던 상태이기는 했으나 나는 현재의 시점에서는 어쨌든 마르크스 경제학을 가르치는 교수가 되었으므로 잠자리 안경의 편집장이 버리고 떠난 세계에 머물러 있는 셈이다. 물론 그가 '버리고 떠난 것'인지 '버림받은 것'인지는 알 수 없다. 앞에서 말한 것처럼 내 머릿속에서 그는 더 이상 능동적으로 발언할 수 있는 주체가 아니기 때문에 그저 그렇게 생각되어질 따름이다. 결국 편집장과 나의 관계는 떠난 자와 남은 자의 관계이며, 이는 적어도 사회주의 논쟁 시점의 나와 선배의 관계에 대응된다. 그런데 두 관계의 상동성homology은 적어도 내가 사회과학 출판의 세계로 다시 돌아와 선배를 만난다는 데서부터 깨진다. 합정동 출판사에서 번역 일을 시작하는 순간, 나는 마치 성경에 나오는 탕자와 같은 처지가 되어 편집장 선배가 속한 세계로 되돌아오는 것이다. 결국 〈서울, 1988년 여름〉의 마지막 부분, 즉 현재의 시점에서는 그 선배와 연락이 끊겼음에도 내가 여전히 마르크스 경제학의 세계에 머물러 있다는 사실 때문에 선배에 대한 나의 기억은 긍정적인 방향으로 작동하고 있다. 그 선배 또한 내가 만나지 못한 세월 동안 어떻게 변했을지 모르지만 내 머릿속에서는 과거의 모습 그대로 굳어져 있는 것이다.

또 다른 요인으로는 당초에는 독일어 번역 일이 중고생 과외에 비해 대학원생으로서의 자존심과 정체성을 지키는 역할을 했다는 사실을 지적할 수 있다. 그 결과 나는 편집장 선배의 혹독한 검수 과정에도 커다란 저항감을 갖지 않았다.

> 여전히 주 수입원은 중고생 과외였지만 나는 점차 독일어 번역이 대학원생이라는 내 정체성에 걸맞은 일이라 생각하기 시작했고 편집장 선배의 검수 과정에서 일종의 피학적인 즐거움마저 맛보기에 이르렀다.(27쪽)

어쩌면 텍스트에 명시되지 않은 또 다른 사실, 즉 '작업실'에서는 임금이 제대로 지불되지 않았지만 합정동 출판사에서는 비록 "인정률"에 따라 삭감되기는 했으나 번역료가 제대로 지급되었다는 점도 영향을 미쳤을지 모른다. '작업실'의 구질구질한 환경과 근로조건, 엉망진창인 번역 원고의 상태, 그런 원고를 가지고 짧은 시간 안에《자본론》을 완간하겠다는 "출판사의 담대하고도 무모한 용기"에서 느낀 정서적 이질감 또는 불쾌감이 배후에 작용했음은 물론이다. 그러나 텍스트에서 나는 그렇게 말하지 않는다.

어쨌든 '작업실'과는 달리 합정동 출판사는 적어도 방위병의 세계에 비해서는 더 "밝고 명쾌한 세계"로 인식되었음에 틀림이 없다. 그리고 그곳에서의 교정 일은 "죽여도 죽여도 꾸역구역 나타나"는 "파리 모양의 외계인들"과 맞서는 작업으로 느껴지던 '작업실'에서의 그것과는 달리 긍정적인 이미지로 받아들여진다. 그러므로 방위병의 세계에서 벗어나는 짧은 틈을 이용해 나는 합정동의 출판사로 달려가서 교정 일을 거들기까지 한다.

운 좋게 일찍 퇴근하는 날이면 방위병들은 재수 학원생들로 가득 찬 전철역 근처의 디스코텍으로 향했다. 나는 무리에서 빠져나와 시내버스를 탔다. 버스는 충정로역 입구, 그러니까 '작업실' 골목 어귀를 통과하여 신촌의 여자대학 앞을 지나 합정동에 닿았다. 어둠이 짙게 내려앉은 시간에도 출판사에는 항상 불이 켜져 있었다. 폭력전과자, 아니 편집장 선배는 사장 형과 난롯가에 마주 앉아 김치찌개에 소주를 마시거나 윤 마담과 함께 야근을 하고 있었다.

"밥은 먹었냐? 온 김에 교정이나 봐라."

군인에서 민간인으로 돌아오는 그 짧은 저녁에 왜 출판사로 갔는지는 나도 잘 모른다.(67쪽)

출판사 여직원의 웃음소리가 맑고 명징한 기억으로 남아 있는 것도 같은 맥락에서일 것이다.

윤 마담의 웃음소리가 편집실 한가운데 놓인 난로의 연통을 타고 천장으로 올라가며 맑게 울려 퍼졌다. 그것은 통화할 때면 전화선 저편에서 순식간에 이편으로 넘어와 내 마음속으로 파고들던, 헤어진 그녀의 웃음소리와도 닮은 것이었다.(62쪽)

그리고 나는 텍스트의 마지막 부분에서 현재 하는 일과 선배의 교정 일을 연결시켜 그리워하고 있다.

나는 교수가 된 뒤로도 한참 동안 그 선배가 "밥은 먹었냐? 온 김에 교정이나 볼까?"라고 말하며 불쑥 나타나 내가 쓰는 논문을 검수해주면 얼마나 좋을까라는 엉뚱한 상상을 하곤 했다.(76쪽)

환유는 꿈속에서 자주 나타나는 현상이기도 하다.

나는 어느 날 유명한 여배우와 만나 이야기하는 꿈을 꾸었다. 그녀는 내가 청소년이었던 1970~80년대를 풍미하다가 결혼과 함께 갑자기 사라졌고 이제 중년을 훌쩍 넘긴 나이에 다시 조연급으로 드라마에 모습을 비치고 있는 이였다. 사실 나는 여배우로서 그녀를 별로 좋아한 기억도 없고 그저 어린 시절에 유명했던 연예인 이상으로도 이하로도 생각하지 않았다. 그런 그녀가 내 꿈에 나타난 까닭은 무엇일까?

그날 밤 잠들기 직전 나는 인터넷에서 우연히 어느 선배의 사진을 보았다. 그는 해당 분야에서 꽤 유명한 학자로, 내가 살던 대전의 어느 대학에서 교수로 근무하다가 오래전에 서울의 다른 대학으로 옮겨갔다. 그 여배우 또한 결혼 직후 연예계를 떠나 대전에 살다가 다시 활동을 시작하면서 서울로 올라왔다는 기사를 어디에선가 읽은 것 같다. 결국 선배 교수와 여배우는 유명하다는 것, 대전에서 서울로 옮겼다는 것, 아마도 그 두 가지 공통점이 있고, 그 때문에 오랜만에 사진으로 접한 그 선배 교수가 내 꿈에 여배우의 모습으로 나타났을 것이다.

환유는 이렇듯 사소한 계기를 통해서도 일어난다는 것이 프로이트의 설명이기도 하다. 즉 그 계기가 대상의 본질적 특징이 아니더라도 상관없다. 때로 그것은 우리가 의식할 수 없는 연상작용으로 이루어지거나, 내가 주관적으로 중요하다고 생각하는 특징에 따라서, 또는 일반적으로 다른 사람들이 어떻게 생각하는가, 즉 내 생각이 인정받는가의 여부와 무관하게 일어나기도 한다. 예를 들면 헤어진 연인의 특징들 중 부차적인 것 하나, 특정한 상황에서의 말버릇이나 습관 따위로부터 다른 사람으로의 환유가 생겨나는 것이다. 물론 선배 교수와 여배우는 어떤 본질적 특성을 공유하는 상동성의 구조 속에 놓여 있을 가능성도 있다. 내가 깨닫지 못하는 무의식 속에서의 본질, 심지어 내가 부인하고픈 그 무엇을 공유하고 있을지도 모른다.

〈서울, 1988년 여름〉의 마지막 부분은 바로 이러한 환유의 한 형태라 할 수 있다.

> 나는 누군가를 찾아 헤매고 있다. 여러 사람들이 내게로 다가와 말을 건다. 중환자실에서 죽음만 기다리던 때의 살갗이 뼈에 달라붙은 듯한 모습을 한 아버지, 개량한복, 이태원 나이트클럽의 무희, 대중목욕탕의 때밀이 청년, 한강을 바라보며 한숨 섞인 '한산도' 연기를 길게 내뿜던 최씨 아저씨. 저 멀리 내가 애타게 그리던 이의 뒷모습이 보인다. 그이는 끝내 얼굴을 보여주지 않는다. 나는 목이 메어 꺽꺽거린다.(81쪽)

그런데 내게는 그런대로 아름다운 세계로 기억되는 합정동 출판사가 그 누군가에게는 "좌익 상업주의에 물들어 노동자를 착취하는 악덕 자본가"의 세계로 기억되었을 수도 있다. 그렇다면 나의 기억 또한 사실과 허구 사이의 희미한 경계 위에 놓여 있는, 그리고 현재의 관점에서 기억되는 과거일 따름이다.

한국 영화 〈우아한 세계〉에서 겉으로는 멀쩡하고 폼 나는 조폭(송강호 분)은 실상은 조직 안에서 밀리면서도 아내와 아이를 지키기 위해 절망적으로 노력하고 길거리에서 얻어맞거나 칼을 맞을까 봐 두려워하는 나약한 가장에 지나지 않는다. 이렇듯 우리 안에 우아한 세계와 비루한 세계는 공존하고 있는 것이다.

그러므로 부대로 출근하는 길에 '그녀'에게 말을 거는 장면은 이미 존재하지 않는 그 무엇에 대한 그리움, 그와 대비되어 비릿한 냄새로만 감지되는 현실을 가리킨다. 물론 이때 그 무엇은 빛바랜 사회주의 이념일 수도, 또 다른 순수한 열정이나 헌신의 대상일 수도 있다.

> 그 길을 최대한으로 늘려 천천히 걸어가는 15분 남짓한 시간 내내 나는 그녀에게 새로울 것도 없는 소소한 일상을, 그 비릿한 느낌을 얘기했다.
>
> 그녀는 이미 내 곁에 없었다. (……) 그러나 그녀는 말을 거는 대상으로서는 여전히 내 마음속에 자리 잡고 있었다. 현실에서는 끊임없이 움직여서 붙잡을 수 없으나 머릿속에서는 늘 그 자리에 고정되어 움직이지 않는 사람. 말하자면 그것은 부재함으로써만 존재하는 역설이었다. 그 역설의 한 측면인 부재에 초점을 맞추면 슬픔이었지만 다른 한 측면인 현존에 초점을 맞추면 왠지 마음이 편해지는 것도 같았다.(63쪽)

+

허름한 판잣집 뒤편으로,
흔히 부와 특권의 상징으로 받아들여지는 초고층 주상복합빌딩이 보인다.
이렇듯 우아한 세계와 비루한 세계는 항상 함께 우리 곁에 존재한다.

3. 간접기억: 기억의 보완 및 왜곡

사실에 기초한 허구를 삽입할 때 기억의 공백을 메우기 위해, 그리고 가공인물이나 사건의 개연성을 높이기 위해서라도 인터넷이나 문헌자료, 주변인의 증언 등과 같은 간접기억을 통해 기억을 보완하는 작업이 필요하다. 이 과정에서도 기억의 편집과 왜곡이 발생한다.

(A) 〈토탈 리콜〉의 세계: 주입된 기억

우리가 아주 어린 시절, 예를 들어 대여섯 살 때의 일에 관해 가지고 있는 기억의 대부분은 간접기억일 가능성이 크다. 그러므로 돈을 지불함으로써 필요한 기억을 구입하여 자유자재로 주입할 수 있는 공상과학 영화 〈토탈 리콜〉의 세계는 본질적으로는 현실의 세계이기도 하다. 부모님이나 친척 어른들이 들려준 이야기, 어릴 때의 장면을 찍은 사진 등속이 우리 머릿속에 반복적으로 새겨지면서 자신의 기억으로 착각하게 되는 것처럼. 이런 경우 당연하게도 그 기억을 들려준 사람이나 사물이 우리에 대해 어떤 정치적 태도를 취하고 있는가에 따라 기억의 함의도 달라진다. 대개 그런 간접기억을 전해주는 이들은 부모 형제처럼 내게 우호적인 사람일 가능성이 크기 때문에 기억도 나쁜 의미보다는 좋은 의미로 해석될 가능성이 크다.

또는 인과관계가 그 반대 방향으로 작용할 수도 있다. 기억을 되살려

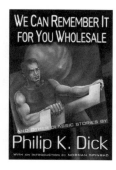

+
영화 〈토탈 리콜〉의 원작은 1966년에 나온 《We can remember it for you wholesale》이라는 소설이다. 한글 번역본의 제목은 《도매가로 기억을 팝니다》인데, 어쩌면 우리의 기억을 통째로 바꾸어준다는 뜻일 수도 있다.

내야 할 사람에 대한 현재의 평가가 그것을 돌이키는 사람들에게 기억을 왜곡·편집하게 한다. 가령 유명한 학자가 된 사람에 대한 주변 사람들의 기억은 "어릴 때부터 머리가 남달리 뛰어났다"라는 식으로 편집되곤 한다. 주변 사람들은 그가 학자로 성공했다는 사실을 이미 알고 있기 때문에 당연히 어린 시절의 기억으로부터 학자에 어울리는 특성을 찾아내려 할 것이다. 그 결과 자신들의 기억에 남아 있는 몇 가지 조각들을 사후적으로 주어진 논리에 꿰어맞추려 하기 마련이고 그러한 시도들은 대부분 성공한다. 왜냐하면 그들의 기억 속에서 대상은 본질적으로 자신의 의지대로 움직이면서 말하는 능동적인 존재가 아니라 수동적으로 편집당하는 존재이기 때문이다. 이는 마치 잠자리 안경의 편집장이 내 기억 속에서 아무런 능동적 역할을 할 수 없는 것과도 마찬가지이다. 설사 어린 시절에는 별다른 특징이 없었거나 심지어 일반적인 기대와는 반대되는 특성을 보였다 하더라도 그것은 사후적으로는 항상 일관되게 해석할 수 있다. 예를 들어 어릴 때 수학 과목에서 낙제했으나 창의력만은 비범했던 것으로 기억되는 세계적인 물리학자 이야기 같은 것이다. 다음 단락은 이러한 사정을 텍스트 안에서 서술하고 있다.

그리고 보면 운명철학이란 결국 수천 개 레고 조각들의 조립 매뉴얼 같은 것일지도 몰랐다. 꼼짝달싹 못하도록 미리 정해져 있다는 의미에서가 아니라 조립을 마쳐본 사람만이 비로소 제대로 된 매뉴얼을 만들 수 있듯이 지나고 보면 자연스럽게 깨닫는 것.(72쪽)

(B) 기억의 편집: 현장존재증명

다음은 독일어 학습 과정과 당시의 시대 상황을 연결지어 서술한 단락이다.

> 내가 창문 밖으로 '자하연', 즉 '신선이 사는 곳에만 생긴다는 보랏빛 노을'이라는 아름다운 이름을 가진 작은 연못이 보이는 텅 빈 강의실에 앉아 릴케의 구절을 인용하여 일기를 쓰던 어느 화창한 봄날. 그날은 2학년 남학생들이 전방입소 군사훈련을 떠나는 날이었고, 4학년이었던, 그러니까 나와 입학 동기생인 정치학과 이재호와 미생물학과 김세진이 "양키의 용병교육 전방입소 결사반대!"라는 구호를 외치며 시너를 끼얹은 몸에 라이터를 갖다 댔던 날이었다. 그렇게 세상이 미쳐 돌아가던 시절, 당연하게도 릴케의 인문학적 구절들은 내게 별다른 감흥을 주지 못했다.(25쪽)

서울대생 김세진과 이재호가 전방입소 교육에 반대하면서 분신자살을 시도한 것이 1986년 4월 28일이라는 것은 당시의 신문 자료를 통해 확인할 수 있다. 〈서울, 1988년 여름〉에서는 주변적인 사항이지만 예를 들어, 두 학생이 분신한 곳이 어디에 있는 무슨 이름의 건물이었는지, 그날 날씨가 어떠했는지 등도 자료 조사를 통해 보완할 수밖에 없다. 그러나 신문 기사조차도 부주의 또는 다른 어떤 이유로 잘못된 정보를 담고 있을 수 있다. 흔히 야사에서 과장되어 나타나는 위인의 영웅적 요소나 악인에 대한 일관된 폄하 등은 이러한 간접기억의 보완 과정이 결코 중립적일 수 없음을 보여준다.

문제의 그날, 내가 무엇을 하고 있었는지는 사실 기억할 수 없다. 다만 1986년 4월에 나는 대학 4학년생이었고, '독산문강독'이라는 강좌를 들었으며, 학내 시위로 휴강이 잦던 시절이라 빈 강의실에서 책을 읽거나 글을 쓰며 시간을 보낸 적이 많았던 것은 사실이다. 그리고 '독산문강독' 수업 시간에 눈을 들어 바라보면 창문 너머에 자하연이 있었다. '자하'가 신선들이 사는 곳에 생기는 보랏빛 노을을 의미한다는 것은 최근까지도 전혀 알지 못했으나 시인 백석의 평전을 읽다가 문득 '자하문'과 '자하연'에 같은 단어가 들어간다는 점을 깨닫고 인터넷 검색을 통해 알아낸 사실이다.

나는 그날 빈 강의실에 앉아 있었을 수도 있고 아닐 수도 있으며, 일기를 썼을 수도 또는 연애편지를 썼을 수도 있다. 확실한 것은 꽤 많은 학생들이 모여 있었던 시위 현장에는 내가 없었다는 사실이다. 그리고 입학 동기생들의 분신 소식을 들었을 때 나는 아마도 극단주의자들의 과격한 행동이라고 생각했을 가능성이 크다. 군사정권이 체제 유지를 위해 대학생 군사 교육, 그것도 전방입소 교육을 악용한다는 생각은 분명하게 가지고 있었으나 그것을 막기 위해 분신까지 시도한다는 데에는 동의하지 않았을 것이기 때문이다. 그렇지만 어쨌든 극단적인 저항의 결과로 부당한 것이라 여겨지던 전방입소 교육은 결국 폐지되었으므로, 나는 적어도 사후적으로는 김세진과 이재호의 '투쟁'에 대해 부채의식 비슷한 것을 가지게 된다. 따라서 나는 비록 시공간적으로 현장에는 부재했으되 정신적으로는 부재하지 않았음을 주장하고 싶었을 것이다. "릴케의 인문학적 구절들은 내게 별다른 감흥을 주지 못했다"라는 서술은 바로 이러한 맥락에서 이해될 수 있다. 진실은 아마도 릴케의 인문학적 의미를 음미하기에도 벅찰 정도로 수업 시간에는 "노트에 그 해석을 열심히 받아 적기만 했"고, "첫 문장만 보아도 바로 단락 전체의 한글 해석이 떠오를 정도로 노트를 달달 외"우는 공부를 했다는데 있을 것이다.

무라카미 하루키는 대학생 시절에 쓴 오래된 일기를 뒤적이면서 누구나 젊은 날의 기억에 관한 착각에 빠진다는 점을 지적한다.

나이를 먹고 나서 돌이켜보면 스스로가 몹시도 치열한 청춘 시절을 보낸 듯한 기분도 들지만, 실제로는 반드시 그런 것만은 아니고, 모두 바보 같은 생각만 하면서 구질구질 살아온 것이다.

_무라카미 하루키, 《밸런타인데이의 무말랭이》

이러한 현장존재증명은 가상적인 형태로도 끊임없이 이루어진다. 식민지 조선 인민의 99퍼센트가 일본식 이름을 가지고 있었음에도, 사람들은 심지어는 어린 나이에 자신의 의지와 무관하게 창씨개명했던 유명인들을 비난한다. 시위대 근처에조차 가보지 않았던 386세대도 민주화운동의 고난에 찬 기억을 말한다. 물론 여기에서 그들의 '말할 자격 없음'을 얘기하려는 것은 아니다. 직접 시위에 참가하지 않았더라도 우연한 마주침의 충격이 새로운 헌신의 계기가 될 수도 있기 때문이다. 다만 그러한 욕망이 과거의 기억을 편집하게 된다는 사실을 지적할 따름이다.

4. 기억의 재현: 현장부재증명

> 당신은 내가 가고 싶어 하지 않는 곳에서 나를 기다리며, 내가 없는 곳에서 나를 사랑한다.
>
> _롤랑 바르트,《사랑의 단상》

서술이 허구가 아니라 사실에 기초한 것이고 설사 그 기억이 완벽한 것이라 하더라도 그것은 서술을 통해 독자에게 전달될 수밖에 없기 때문에, 그 과정에서 화자가 말하고자 하는 것과 독자가 듣는 것이 달라질 수 있다. 이것은 반드시 작가의 문장력의 문제만은 아니다. 그래서 일까? 헤밍웨이는 작가가 마치 물 위에 떠오른 빙산처럼 전체의 일부만을 서술하고 나머지는 생략하는 원리, 이른바 빙산의 원리에 관해 말한 바 있다. 작가는 알고 있는 것을 다 말하는 것이 아니라 생략하여 최소한만 표현함으로써 독자들이 물밑에 숨어 있는 빙산을 찾아보게 한다는 것이다.

〈서울, 1988년 여름〉에서 내가 '작업실'을 떠나기로 결심하게 되는 날에는 두 가지 사건이 있었다. 하나는 미국 유학생인 친구와 함께 이태원의 나이트클럽을 찾아 들어가서 스트립쇼를 구경하고 결국 삐끼의 유혹에 빠져 바가지를 쓰게 되는 일이다. 그리고 다른 하나는 '작업실'에 누워 있다가 대중목욕탕에 들러 잘못 버린 담배꽁초 때문에 때밀이에게 욕을 먹었던 일이다.

첫 번째 사건은 결국 내가 이태원으로 상징되는 본능적 욕망의 세계에 어설프게 발을 들여놓았다가 겪게 되는 나쁜 기억을 남긴 해프닝이다. 나는 《자본론》을 읽고, 어쩔 수 없이 과외 선생 노릇을 하면서도 "사교육의 한 귀퉁이에서 떡고물을 얻어먹는다는" 자괴감을 갖는 "의식 있는" 대학원생임을 자처하지만 결국 본능적 욕망 앞에서 강력하게 저항하지 못한다는 것, 또한 제대로 욕망을 충족시킨 것도 아니면서 어리숭하게 사기를 당한다는 것, 이러한 느낌은 나의 자의식에 일종의 모멸을 가져다준다. 이태원을 빠져나와 결국 향한 곳이 '작업실'이라는 것, 그

+

헤밍웨이는 작가는 모든 것을 알지만 다 말하지는 않는다고 주장했다.
그러나 바깥으로 드러난 빙산의 일각이 '말하고 있는 것'이라면 물속에 숨어 있는 나머지 부분은
말하는 이 스스로도 정확하게 알지 못하는 무의식을 상징하는 것일 수 있다.

리고 다시 대중목욕탕으로 갔으나 담뱃불을 제대로 끄지 않아 곤욕을 치르는 것, 이 또한 나의 자의식에 충격을 가하는 사건이다. 결국 나는 '작업실'을 벗어남으로써 모멸당한 자의식에서 벗어나려 한다.

그런데 헤밍웨이의 빙산 이론이 작가는 '모든 것을 알고 있다'는 것을 의미하는 반면, 실상 '작업실'을 떠나는 장면에서 말하고자 하는 것은 내가 모든 것을 알고 있으나 말하지 않음이 아니라 어쩌면 나 스스로도 잘 알고 있지 못함을 의미하는 것일 수도 있다. '이태원과 대중목욕탕을 거치면서 모멸당한 자의식에서 벗어나려는 시도'라는 것도 하나의 사후적인 해석에 지나지 않기 때문이다. 사실은 체불임금을 받으려는 시도가 실패로 돌아간 사건이 '작업실'을 떠나게 되는 결정적인 계기였을 수도 있다. 그러므로 진정한 모멸감은 사장실 소파에 앉아 편집장과 얘기하던 그 순간, 즉 약속된 임금을 제대로 받을 가능성이 희박하다는 사실을 깨달았던 바로 그 순간에 찾아왔을 수도 있다. 그러나 나는 결코 내가 '작업실'에 들어가게 된 계기, 그리고 그만두게 되는 계기가 돈 때문이었다고는 말하지 않는다.

이것은 뒤에 다룰 '말하고 있지 않은 것'과도 관련되는데, 앞에서 말한 현장존재증명의 반대, 즉 일종의 현장부재증명[alibi]이라고도 할 수 있다. 현장존재증명이 좀 더 적극적인 형태로 이루어지는 것, 즉 '말해지는 것'이라면, 현장부재증명은 약간은 소극적인 형태로 이루어진다. 단순히 '말해지지 않음', 즉 침묵하는 것으로써 현장에 부재했음을 의미할 수 있기 때문이다. 자주 문제가 되곤 하는 학술 논문 표절 스캔들에서 표절한 이가 이른바 '오려 붙이기copy & paste'의 가장 중요한 대상, 즉 자신이 베낀 글의 원본은 참고문헌으로도 언급하지 않는 현상을 흔히 볼 수 있다. 이는 표절 행위의 주체가 그 대상에 관해 침묵함으로써 또는 무시함으로써 자신의 표절 행위를 은폐하려 하기 때문이다. 표절은 아니더라도 자신이 인정하지 않는 대상의 연구를 언급하지 않는 침묵의 전략 또한 여기에 속한다.

5. 기억의 자기강화

> 그 문이 열리면 당신은 기억하고 싶지 않은 것을 기억하게 될 것입니다. 그러나 또한 반
> 드시 기억해야만 할 것도 기억하게 될 겁니다. 기억해야만 할 것이 기억하고 싶지 않은
> 것을 지우게 될 겁니다.
>
> _김인숙, 《미칠 수 있겠니》

글쓴이가 특히 도덕적 비난이나 진실성 평가 등의 대상이 될 수 있는 사건에 관해서는 자신을 은폐하거나 속이려는 욕망이 작용하여 왜곡된 서술을 할 수 있다. 그런데 일단 말하고 나면 그것을 지속적으로 일관성 있게 합리화해야 하므로, 이후의 사건이나 감정 등에 관한 서술 또

한 그에 맞게 왜곡·편집될 가능성이 있다.

〈서울, 1988년 여름〉의 텍스트 전체에서 왜곡·편집된 기억이 어떤 것인지는 정확하게 드러나 있지 않지만, 어쩌면 등장인물들의 행동과 면모에 관한 관찰자적 서술 자체가 객관적인 것이 아니라 이와 같은 자기강화의 과정을 통해 교묘하게 왜곡·편집된 것일 가능성이 있다. 만약 그렇다면 이 텍스트 전체가 이미 출발점에서부터 나의 입장을 옹호하고 유지하기 위한 동기에서 편파적으로 구성되었을 수 있다.

사실 거의 모든 글쓰기는 어느 정도 이러한 특성을 지닌다. 가장 객관적이고 과학적으로 보이는 학술 논문에서 이 점은 오히려 더욱 두드러지게 나타나는데, 통상적으로 저자(들)의 새로운 발견과 이론적 공헌을 명시적으로 전면에 내세우기 때문이다. 텍스트의 편파성이 '객관성'으로 받아들여지는 정도는 텍스트 자체의 객관성 못지않게 글쓴이가 갖는 권력의 크기에도 비례한다. 학문적 견지에서 비슷한 수준의 논문이라 하더라도 학계의 원로나 대가가 쓴 논문이 소장 연구자의 그것에 비해 상대적으로 쉽게 전문 학술지 등에 게재되는 일종의 권력화 현상이 자주 관찰되는 것도 그 때문이다. 문학이나 영화 등의 예술 영역에서 대중의 평가보다 우월한 권위를 갖는 평론가의 영역 또한 일정 부분은 이러한 권력화 현상에 근거를 두고 있다.

한편 글쓴이의 첫 번째 독자는 바로 글쓴이 자신이라는 단순한 사실로부터 글쓴이의 기억 자체가 스스로를 속이는 왜곡·편집도 발생한다.

프로이트의 환자가 꿈을 편집하는 것과 똑같은 현상이다. 그러므로 시간이 지날수록 어떤 기억은 강화되고 어떤 기억은 망각된다.

(A) 확신되는 기억

실제로 많은 사람들은 삶의 단면에서 우연하게 마주치는 어떤 사건에 충격을 받음으로써 또는 매혹됨으로써 그것의 재현을 위해 헌신하곤 한다. 이때 그 사람은 자신이 마주친 사건에 대해 자기 나름의 '이야기'를 만들고 그것을 지켜나가려 한다. 그런데 자신의 이야기를 다른 사람들에게 말하는 것, 아니 이야기를 구성하는 것 그 자체가 스스로에게도 말하는 것이기 때문에, '말해진 것'은 자기강화의 과정을 거쳐 기억이라는 형태로 객관화되고 확신이라는 형태로 주관화된다. 그렇게 자기확신되는 과정을 지탱할 수 없을 때 사람들은 결국 헌신을 유지하기가 어려워진다. 그러므로 자기확신의 과정에 비해 자기부정의 과정은 훨씬 더 어렵다. 텍스트의 다음 구절은 바로 이 점을 가리킨다.

사실 마르크스주의자임을 증명하기보다 마르크스주의자가 아님을 증명하는 것이 어떤 의미에서는 훨씬 더 어려운 일이었다. 전자를 위해서는 한 번의 선언으로 족했지만 후자를 위해서는 매 순간, 매 장소에서 끊임없이 다른 방식으로 선언을 반복해야 했기 때문이다.(70~71쪽)

일반적으로 내 머릿속에서 서로 갈등하고 있는 기억들 중 어느 하나를 지우도록 요구받는 것은 나에게는 가장 고통스러운 주문이다. 예를 들면 '나'의 기억을 하나로 정리하고 있는 이에게는 사상전향을 요구하는 것이 개인적으로나 사회적으로 큰 의미가 없는 일이다. 진정으로 심각한 상황은 '나'의 머릿속에서 서로 엇갈리는 기억과 기억이 투쟁하고 있을 때 외부로부터 그것을 한쪽으로 정리하도록 강제당하는 경우이다.

한편 〈서울, 1988년 여름〉에서 대학원 시절의 동료가 나에게 보내는 이메일은 "대부분의 사람들에게 이념이란 TPO에 따라 바꿔 매는 넥타이 색깔 같은 것일 뿐"이라고 말한다. 그에 대한 내 마음속 반응은 다음과 같다.

> 그러나 내려놓아서 가벼워지는 것이라면 (……) 나는 이미 충분히 가벼워졌다. 어쩌면 처음부터 내려놓아야 할 그 무엇도 없었다. 아니, 그렇게 쉽게 내려놓을 거라면 처음부터 다가가지도 않았을 것이다.(75쪽)

마지막 문장은 결국 나의 '이야기'가 말해짐으로써 자기강화의 과정을 겪고 있음을 보여준다. '작업실'에 발을 들여놓은 것을 하나의 동기에 의해서만 설명하는 것은 불가능하다. 텍스트에 명시적으로 드러나 있는 두 가지 동기는 "귀를 의심할 정도로 많은 보수"와 《자본론》이라는 "듣기만 해도 설레는 이름"이다. 그러나 실은 파산한 집안, 그리고 대학원의 세계에서 벗어나 어딘가로 떠나고 싶다는 현실 도피적 욕망이 그 이면에 놓여 있었을지도 모른다. 진짜 이유가 그 무엇이었건 간에 이 단락의 마지막 문장에서 말하듯 어떤 비장하고도 대단한 각오를 가지고 취한 행동은 아니었을 것이므로.

(B) 잊히는 기억

확신되는 기억과 동전의 앞뒷면을 이루는 것은 말해지지 않음으로써 잊히는 기억이다. 나는 비교적 사소한 에피소드까지 잘 기억하는 편이고 '작업실'을 떠난 뒤 한 번도 만나지 않았거나 신문 기사 등을 통해 간접적으로 접하지 못했던 사람들에 관해서도 기억을 간직하고 있다. 그런데 유독 한 사람의 이름은 기억해내지 못한다.

> 과거에 무슨 일을 했는지 전혀 알 수 없었던 개량한복은 그 뒤로도 어떻게 지내는지 도무지 알 길이 없었다. 참으로 이상한 일은 '작업실' 언저리에 있던 사람들 중에서 그가 나와 가장 많은 얘기를 나누었음에도 그의 이름이 기억나지 않는다는 사실이다.(77쪽)

나는 개량한복에 대해 특별히 죄책감을 느낄 만한 행동을 한 적이 전혀 없다. 우리의 관계가 그다지 소원한 것도 아니었다. 오히려 흡연자라는 이유로 인해 그와 나는 가장 많은 시간을 함께 보내면서 얘기를 나누었다. 사실 나는 그가 무슨 일을 했던 사람인지, 어디에서 온 사람인지, 심지어는 어느 동네에 사는지조차도 잘 몰랐다. 그럼에도 나는 그에 대해 나름의 이야기를 만들어 머릿속에 집어넣고 있었다. 즉,

> 어떤 사람의 과거를 첫인상이 주는 스테레오타입으로 짐작하는 버릇이 있는 내가 판단하기에, 그는 운동권 학생 출신으로 학교에서 제적당한 뒤 공장 노동자로 '존재 이전'을 했다가 건강이 안 좋아져 잠시 쉬는 사이에 돈을 벌러 들어온 듯했다. 표준어를 구사하려고 노력했지만 어쩔 수 없이 느릿느릿한 남도식 억양을 드러낸 그는 말수가 많은 편이었지만 자신의 사생활에 관해서는 거의 얘기하지 않았다.(35쪽)

이러한 추측이 사실인지 아닌지는 아직까지도 확인할 수 없다. 그렇지만 개량한복의 행동거지나 말투, 이미지 등은 나도 모르게 내 머릿속 이야기를 자기강화하도록 만들었고, 그로 말미암아 그에 대한 막연한 죄책감을 갖게 되었을 것이다. 적어도 내 머릿속에서 그는 말투로 보아 남도의 어느 시골 출신이었을 테고, 일본어를 읽는 것으로 보아 대학을 다녔을 것이며, 늘 "당장 일용할 담배 한 갑 살 돈도 떨어진 눈치"인 걸로 보아 매우 가난한 생활을 하고 있었고, 노동운동에 매우 관심이 많

은 것으로 보아 노동자였거나 노동자와 관련된 운동을 했을 것이었다. 그는 나나 박 선배 또는 잠자리 안경의 편집장과 다른 '작업실' 멤버들처럼 학연으로 묶인 것도 아니었다. 다시 말해, 이른바 명문대학 출신도 아니었다. 그것은 쉽게 말해 훌훌 털고 일어나 다시 돌아갈 수 있는 세계가 존재하지 않는다는 것과도 의미가 통한다. 그러므로 사실 여부와 무관하게, 내 머릿속에서 개량한복은 딱히 돌아갈 곳도 '변절'할 유인도 없는 인물로 고착화하고 그럼으로써 비록 내가 그에게 아무런 잘못을 저지르지 않았음에도 불구하고 잊고 싶은 과거의 한 부분이 되었을 것이다. 이름이 기억나지 않는다는 것은 결국 그와 같은 트라우마의 상징이나 표현일 가능성이 있다.

누구나 살아가면서 '기억의 사진첩'을 갖게 된다. 세월이 흐른 뒤에 그 사진첩을 열어보면서 회한에 젖을 수도, 아련한 행복감을 맛볼 수도 있으나, 때로는 사진첩을 열어보기를 거부하거나 그 존재 자체를 부인하고픈 욕망에 사로잡히기도 한다. 끔찍할 정도로 나쁜 기억, 반대로 너무 아름다웠으나 이제는 되풀이될 수 없는 기억과는 맞닥뜨리고 싶지 않은 것이다.

6. 말하고 있는 것과 믿고 싶은 것

텍스트에서 지은이가 '말하고 있는 것'조차도 실은 그저 그렇게 '믿고 싶은 것'의 표현일 수도 있다. 〈서울, 1988년 여름〉의 첫 문장은 1988년의 여름이 매우 고통스러운 시간이었음을 고백한다.

그해 여름이 그토록 무덥고 지루했던 것은 틀림없이 나의 주관적 느낌에 지나지 않을 것이다. 고통과 함께하는 시간은 더디게 가는 법이므로.(15쪽)

그러나 텍스트의 마지막 부분에서는 그 시절에 얻게 되었다는 깨달음을 다음과 같이 설명하고 있다.

그리고 또 하나 중요한 것. 나는 고통스러운 시간을 버티는 내 나름의 이론을 터득했다. 내 앞에 주어진 시간을 수천 개의 레고 조각으로 만들어진 아주 기다란 막대라 생각하고, 그 조각들을 열 개 정도씩 뭉뚱그려 하나의 커다란 조각으로 만든다. 그러면 레고 조각의 숫자는 단박에 몇 백 개로 줄어든다. 다시 그렇게 뭉뚱그려진 커다란 조각 열 개를 모아 또 하나의 더 커다란 조각으로 만들면, 레고 조각의 숫자는 몇십 개로 줄어든다. 이제 새로운 레고 조각, 그러니까 시간의 새로운 단위는 원래 시간 단위의 100배쯤으로 농축된, 밀도 있는 것으로 변해 버린다. 물론 밀도가 높은 시간을 견디기란, 그렇지 않은 시간을 보내 기보다는 힘들고 지겨웠다. **그렇지만 하나의 레고 조각을 통과하고 나면 그것이 얼마나 길고 큰 조각이었건 간에 다 지나가버렸다는 기억만 훈장 처럼 가슴에 남을 터였다.** 이를테면 여든을 살고 죽으나 스물도 못 채 우고 죽으나 죽는 사람에게는 죽기 직전에 돌이켜보는 삶의 레고 조 각들이 그 길이나 밀도에 있어 별반 차이가 없을 것처럼.(71쪽)

강조된 부분은 원래 초고에서는 "그렇지만 다행스럽게도 하나의 레 고 조각을 통과하고 나면, 그저 지나왔다는 기억만 남을 뿐 그것이 얼 마나 길고 큰 조각이었는지는 별로 중요하게 느껴지지 않았다"로 되어 있었다. 나는 곧 이 두 가지, 즉 지나가버린 시간의 길이는 가늠할 수 없다는 주장과 "그해 여름이 그토록 무덥고 지루했"다는 느낌이 서로 모순된다는 것을 깨달았다. 20대의 여러 여름 중에서 굳이 1988년의 여름이 또렷하게 기억난다는 것은 그만큼 내게는 힘들고 고통스러운 시간이었음을 말해준다. 그렇다면 초고 마지막 부분의 "[내게는] 별로 중요하게 느껴지지 않았다"는 서술은 실상은 내 기억을 스스로 배반하 는 주장인 셈이다. 이것은 내가 실제로 '느끼고 있는 것'과 '말하고 있는 것', 그리고 '그렇게 믿고 싶은 것'이 서로 다름을 의미한다. 물론 글을 쓰거나 말을 하는 순간에조차도 쓰는 이나 말하는 이가 자신이 무엇을 느끼고 생각하는지를 정확하게 알지 못할 수 있다. 정확하게 알고 있다 하더라도 그것을 그대로 표현할 수 있다는 보장은 없다. 이른바 재현의 불완전성이라는 문제이다. '믿고 싶은 것'은 이성적인 사고에 의해, 또는 사회적 규범에 의해 강제되어 실존적으로 어쩔 수 없이 받아들여야 하는 명제의 표현일 수 있다. 어쨌든 원고를 고치면서 나는 앞의 단락에 다음과 같이 새로운 문장들을 덧붙였다.

> 물론 이론은 어디까지나 이론일 뿐 실천은 쉽지 않았다. 혁명 이론 없는 혁명적 실천은 맹목적이고 혁명적 실천 없는 혁명 이론은 공허하다고 레닌이 말했다던가. 그러나 어쩔 수 없이 둘 중 하나를 골라야만 한다면 공허가 맹목보다는 나을 것이다.(71~72쪽)

'공허가 맹목보다 낫다'는 것은 그러므로 자신의 기의를 정확하게 표현하는 기표를 찾지 못해 이루어지는 "일종의 체념에 기초한 선택"과 외견상 비슷하다. 그러나 중요한 차이는 이 경우에는 규범적 당위에 의해 실증적 현실을 부정하고자 하는 절망적인 시도라는 점에 있다.

7. 끝까지 말하지 않은 것

> 만약 그 문서들을 찾아내지 못했다면, 내가 이 모든 사건을 기억해낼 수 있었을지······ 자신할 수 없다. 그 문서들은 누락된 것이 많은 기록이다. 당연한 얘기지만, 나는 내가 중요하다고 판단한 것들, 아니면 중대한 사건으로 보이게 하고 **싶었던** 것들만을 기록했으니까 말이다. 이는 달리 보면 내가 일부 사건들에 대해서는 그냥 침묵했다는 뜻이려니와, 그게 어떤 사건들인지는 알 길이 없다.
>
> _움베르토 에코, 《프라하의 묘지》, 강조는 원문

텍스트의 마지막 부분에서 나는 "섬광처럼 짧게 빛났"다가 곧 사라져버린 "마르크스 르네상스"의 중요한 요인으로 "금지와 억압은 욕망을 낳는다"라는 사실을 지적하고 있다.

> 현실 사회주의의 붕괴라는 외적 요인 탓도 있지만 이제 금지와 억압으로부터 파생되는 《자본론》에 대한 욕망은 사라져버렸다.(79쪽)

그러나 1988년 여름의 서울을 재현하는 주체로서의 내가 끝까지 말하지 않고 있는 것은 과연 나 자신은 금지와 억압 때문에 욕망을 갖게 되었던 주체들에 속하는가 아닌가라는 점이다. 예를 들어 박 선배가 아무리 많은 보수를 받을 수 있는 일자리를 제안했다 하더라도, 그리고 그것이 공안당국의 수사 대상이 될 수 있는 위험한 아르바이트가 아니었다 하더라도, 만약 그것이 예컨대 이태원 나이트클럽의 웨이터 자리였다면 나는 받아들이지 않았을 것이다. 그것은 《자본론》의 번역자로 이름을 올림으로써 세월이 지난 뒤에 남한 최초의 번역자라는 기록을 남길 수 있는 일도 아니었다. 물론 1988년 여름의 시점에서 내가 그것이 기꺼이 받아들일 만한 영예라고 생각했을지는 확실치 않다. 이 또한 지금의 시점에서 과거의 일을 판단하는 것에 지나지 않으므로. 어쨌든 그렇다면 박 선배의 제안을 큰 고민 없이 그 자리에서 받아들일 수 있었던 데에는 막대한 보수 외에도, 금지되고 억압받는 일에 참가한다는 은밀한 쾌락이 있었음에 틀림없다. 아울러 내 흔적이 남지 않는다는 것은 "불온서적 번역에 대한 사법적 책임"이나 "부실 번역에 대한 공식적 책임"으로부터 면제받음으로써 오히려 은밀한 쾌락이 가져다주는 책임과 후회를 막아주는 안전판 역할을 했을 것이다.

그렇다면 나는 결국 위험한 일을 하고 있었으나 내가 감당할 수 있을 만한 안전한 범위 안에서만 그 일을 한 것이고, 그 안전판 중 하나인 돈 문제가 꼬였을 때 그 일을 그만둔 것으로 해석할 수도 있다. 그러므로 세월이 지나 다른 욕망, 다른 기표를 쫓아 옮겨간 이들과 나는 적어도 그 출발점에 있어서는 금지와 억압으로부터 발생한 욕망을 가지고 있었다는 점에서 질적으로 동일하다. 그러나 나는 그렇게 말하지 않는다. 말하지 않는다기보다는 숨김으로써 일종의 현장부재증명을 시도한다.

거꾸로 말하면 나는 금지와 억압 때문에 생겨난 착각에 몸을 던지지는 않았다는 것, 즉 내게는 그 무엇인가 설명할 수 없는 진정성이 있었음을 얘기하고 싶은 것이다. 그것은 동시에 지금 내게 존재하는 진정성은 이미 그 시작에서부터 존재하고 있었음을 말하고 싶은 현장존재증명이기도 하다.

> 지나가버린 사랑에 대한 그리움, 그것은 그저 사랑의 그림자, 그러므로 그리움 그 자체에 대한 그리움에 다름 아닐 것이다. 정신분석학의 용어를 빌려 말하자면, 여기에는 반드시 '도착', 즉 뒤집혀짐이 따라온다. 욕망의 대상과 욕망 그 자체가 뒤섞여 분간할 수 없게 된다. 모든 집착은 오히려 진정성으로 받아들여진다.
>
> _류동민, 〈문제는 경제가 아니라 정치!〉,《경향신문》, 2012년 9월 13일

그렇다면 이렇게 시간이 지날수록 자기확신을 덧붙여나가는 진정성은 그 시작에서는 전혀 존재하지 않았던 것일까? 그저 태초에는 모든 존재하는 것이 진실했다는 기원의 신화에 지나지 않는 것일까? 그러나 프루스트가 소설 속에서 다음과 같이 화자의 입을 빌려 말하듯, 우리 마음속의 열망은 흔히 그 반대되는 말이나 행동의 형태로 표현된다.

> 내가 그녀와 헤어지고 싶은 열망을 표현할 때는, 대부분 그녀 없이는

아무것도 할 수 없을 때였다.

_마르셀 프루스트,《잃어버린 시간을 찾아서》

그러므로 어쩌면 끊임없이 떠나고 싶었던 '작업실'조차도 1988년 여름의 내 마음속에서는 결코 잃고 싶지 않은 진정성의 대상이었을 수도 있는 것이다.

8. 분석으로 말미암아 수정된 것

아마도 이야기란 현실의 결핍과 치욕을 덮거나 드러내거나 비틀어버림으로써 그 결핍과 치욕을 넘어서려는 언어의 화폭일 것이다. 그러하되, 현실과 화폭 사이의 그 아득한 거리를, 언어를 징검다리로 삼아서 건너가야 하는 이야기꾼의 운명을 나는 거의 감당하지 못한다.

_김훈, 〈강물이나 바람, 노을의 어휘 몇 개〉, 김경욱 외,《소설가로 산다는 것》

애초에 나는 경험한 사실에 기초하면서 허구를 섞어 소설의 초고를 작성했다. 그러나 그 텍스트에 대한 분석을 진행하는 과정에서 텍스트의 서술 자체가 영향을 받아 여러 차례에 걸쳐 수정되었다. 분석의 논리적 정합성을 확보하기 위해 서술을 고치거나 새로운 에피소드를 도입했다. 바로 소설에 관한 분석, 즉 재현을 다시 재현하는 과정이 소설 그 자체, 즉 원래의 재현에 변형을 가져온 것이다.

먼저 '말하고 있는 것'과 '믿고 싶은 것'의 차이에서 이미 지적했듯이, 고통스러운 시간을 견디는 방법을 레고 조각의 비유로 설명하는 부분에서 스스로 발견한 논리의 내적 부조화를 해소하기 위해 문장을 덧붙였다.

다음은 개량한복을 만나기 위해 '작업실'에 찾아온 여자에 관한 에피소드이다.

어느 날 늦은 오후 무렵, 뒤로 한데 모아 내린 긴 머리카락을 하얀 손수건으로 질끈 묶은 수수한 옷차림의 여자 하나가 개량한복을 찾아왔다. 양쪽 뺨 위로 촘촘하게 내려앉은 기미 탓인지 개량한복보다도 몇 살은 더 나이가 들어 보였다. 눈웃음으로 인사를 대신하며 '작업실'로 성큼성큼 들어서는 품새가 그전에도 여러 차례 들른 적이 있는 듯했다. 여자가 개량한복과 마주 앉아 조곤조곤한 말투로 나누는 대화를 어쩔 수 없이 엿듣게 된 나는 문득 그들이 서로 아무런 호칭도 사용하지 않은 채 지극히 일상적인 주제, 그러니까 어제 저녁 메뉴 따위에 관해 얘기하고 있음을 깨달았고, 그 짧은 순간 그들이 함께 사는 사이일 거라고 믿어버렸다. 그렇지만 때마침 편집장이 방문하면서 내 믿음을 확증하는 데 필요한 더 이상의 시간은 주어지지 않았다. 여자가 황급

히 일어서서 인사하는 것을 보아 편집장과도 이미 아는 사이인 듯했
다. 편집장이 들어오면서부터 개량한복은 눈에 띄게 겸연쩍은 듯한 표
정을 지었고 여자는 바로 '작업실'을 떠났다. 바깥이 어둑어둑해질 때
까지 편집장은 보기 드물게 낮은 목소리에 진지한 표정으로 개량한복
과 뭔가를 계속 얘기하고 있었고, 나는 텁텁해진 실내 공기를 참기 어
려워 바깥으로 나섰다. '작업실' 골목 어귀를 돌아 나오는 순간 전봇대
옆에 서 있다가 나와 얼굴을 마주치지 않으려고 고개를 돌려 먼 산을
바라보는 여자의 모습이 얼핏 눈에 들어왔다.(45~46쪽)

이 부분은 내가 편집장에게 갖고 있는 부정적 이미지를 묘사하기 위
해 추가되었다. 내가 편집장을 부정적으로 생각한다는 사실을 '작가'
로서의 나는 알고 있다. 그러나 직접적으로 설명하지는 않고 독자들에
게 암시만 하려는 점에서 이 부분은 헤밍웨이가 말하는 빙산 이론과도
맥락을 같이하는 측면이 있다. 그런데 사실 이 에피소드에서 개량한복
과 여자, 그리고 편집장 사이에 무슨 일이 있는지, 심지어는 개량한복
과 여자가 서로 어떤 관계인지조차, 독자들은 물론 작가인 내게도 정확
하게 알려져 있지 않다. 개량한복과 편집장이 왜 심각한 대화를 나누었
는지는 나도 알 수 없다. 그러나 이 짧은 에피소드를 나는 하나의 '이야
기'라는 형태로 머릿속에 담아두고 있다. 이를테면 개량한복과 여자는
함께 살고 있는 연인 또는 부부 관계이며 편집장은 그들의 관계에 대해

뭔가 부정적인 견해를 가지고 있다는 것, 적어도 '작업실'에서 그녀를 마주치는 상황을 별로 좋아하지 않는다는 것 같은 식의 이야기이다. 물론 이러한 이야기를 지지해줄 만한 확증은 없다. 그러나 그것이 완벽한 허구라고 할 수만은 없는 것은 비록 내 나름대로 만들어낸 이야기임에도 불구하고 내가 평소에 겪었던 개량한복과 편집장의 캐릭터, 정확하게는 그것에 대한 나의 인상에 기초하고 있기 때문이다. 즉 나름대로의 물질적 근거는 있는 셈이다.

또 하나, 재현의 재현 과정에서 중요하게 추가된 것은 헤어진 '그녀'에 대한 서술을 통해 사랑에 관한 단상을 표현한 부분들이다. 사랑의 에피소드는 '작업실'의 경험과 직접적으로 연결될 필연성은 없지만 《자본론》이나 마르크스주의 등에 대한 메타포의 성격을 지니고 있다. 우연히 같은 시공간에서 마주쳤다가 엇갈리게 되지만 그 뒤에도 계속하여 '부재하는 현존'으로 남는다는 것. 여기에는 다시 한 번 상동성을 지닌 구조가 존재한다. 닿기를 갈망하고 한때나마 그것이 가능해 보이지만 결국 영원히 닿을 수 없는 그 무엇으로서의 사랑의 개념, 나아가 재현의 근원적 불완전성에 대한 상징인 것이다. '그녀'와의 에피소드를 본격적으로 쓰지 못한 것은 무엇보다도 내가 가진 재현 능력의 한계 때문일 터이지만, 그에 못지않게 메타포로서의 특성을 드러내고 싶었기 때문이기도 하다. '그녀'가 익명의 존재로서 구체화하지 않은 채 내 머릿속에서만 등장하는 것도 바로 그 때문이다.

그러므로 〈서울, 1988년 여름〉의 마지막 구절들은 두 단계에 걸친 재현의 결과로 점점 희미해져가는, 그리하여 끊임없이 다가가려 하나 결코 완전하게는 다가갈 수 없는 최초의 실체에 대한 그리움을 의미하는 또 하나의 새로운 메타포일 것이다.

그 공간 어디에도 내 이름이 남아 있지 않다는 것, 한때는 다행스러운 위안이었으나 이제는 아스라한 서글픔으로 바뀐 그 역설. 마치 추억할 만한 사진 한 장이나 편지 한 통 남지 않은 사랑, 그리하여 남들에게는 물론이거니와 나 스스로에게조차 내가 사랑한 적이 있었음을 입증하기 어려운 듯 희미해져만 가는 기억처럼.(81~82쪽)

3장

재현의 재현,
그 논리적 구조

시차적 간극이라는 개념은 결코 변증법에 되돌릴 수 없는 장애물을 배치하는 것이 아니며, 그보다는 우리로 하여금 그 전복적 핵심을 간파할 수 있게 만드는 열쇠를 제시한다.

_슬라보예 지젝, 《시차적 관점》

이제 〈서울, 1988년 여름〉에 관한 텍스트 분석을 마무리 짓도록 하자. 결국 내가 겪은 1988년의 서울, 그 여름에 관해 내가 가지고 있는 이야기, 또 그 이야기의 재현으로서의 텍스트, 그러므로 하나의 실체와 그 실체에 관한 두 가지의 재현이 존재한다.

내가 박 선배의 손에 이끌려 '작업실'로 들어간 것, 그곳에서 한 일이 하필이면 《자본론》 번역 원고의 교정 작업이라는 것, 그 번역 원고가 "파리 떼"로 가득 찬 절망적인 수준이었다는 것, 《자본론》을 출판하는 것이 불법행위로 취급되고 있었다는 것 등은 모두 1988년 여름의 한국 사회라는 특정한 조건 때문에 일어날 수 있었던 일들이다. 그렇지 않았더라면 《자본론》이 그렇게 늦게 번역되었을 리도 없거니와 그렇게 엉망진창의 쪼가리 번역 원고로 작업을 했을 리도 없고, 나처럼 엉터리 실력을 갖춘 편집자가 교열을 보았을 리도 없다. 물론 파격적인 수준의 월급이 제안되었을 리도 없다.

1988년이라는 시간과 당시의 한국 사회라는 공간은 내가 선택할 수 있었던 조건은 아니다. 그저 내게 주어진 것이었을 뿐이다. 그렇지만 에피소드의 각 단계에서 나는 누군가의 강제에 의해 억지로 끌려다닌 것은 아니고 스스로의 자유의지에 따라 생각하고 행동했다. 그러므로 '1988년 여름의 서울'은 사회적 조건과 개인의 자유의지가 결합해 만들어진 물질적 실체이다. 그것은 지금까지도 기억되는 경험으로 남아 영향을 미치고 있다는 의미에서 나의 의식과 행동을 규정짓는 물적 기초, 철학적으로 말하자면 유물론적 근거를 이룬다. 그것은 또한 '말하고 싶은 것'을 소설이라는 형태로 재현하도록 만드는 유물론적 근거이기도 하다.

그러나 이러한 재현 행위는 나의 머릿속에 '이야기'라는 형태로 재현되어 있는 기억이 없으면 불가능하므로, 그 '이야기' 또한 재현의 물질적 근거를 이루고 있다. 그러므로 도식화하면 다음과 같은 관계라고 할 수 있다.

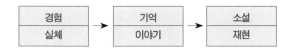

경험	기억	소설
실체	이야기	재현

즉 경험은 '이야기'의, '이야기'는 재현의 질료가 되는 것이다. 중간
단계에 놓인 '이야기'는 경험이라는 실체를 그대로 반영하는 것이 아니
라 내 자유의지의 작용을 통해 일정하게 가공된다. 즉 내 기억을 편집
함으로써 이야기를 만들어내고 다시 그렇게 만들어진 이야기를 통해
기억을 강화·왜곡·편집하는 과정에서 자유의지가 작용한다. 물론 여
기에서는 기억의 주체인 내가 기억을 불러내는 시점에 처해 있는 개인
적·사회적 상황이라는 물질적 조건들이 영향을 미치게 된다. 그러므로
이제 재현된 기억은 그 자체가 하나의 새로운 물질적 근거, 즉 유물론
적 근거가 된다.

　마지막으로 '재현'으로서의 글쓰기는 그 형식이 소설이건 무엇이건
간에 경험이라는 일차적 실체와 그에 기초한 '이야기'라는 이차적 실체
를 재료로 삼아 행해진다. 물론 이 글쓰기, 좀 더 일반적으로는 말하기
의 과정에서 다시 한 번 강화·왜곡·편집 작업이 이루어진다. 이때 '말
하고 싶지 않은 것'을 숨기려는 욕망은 경험을 기억으로 가공하는 첫
번째 단계에서보다 훨씬 더 강력하게 작동한다. 첫 단계에서는 결과물
인 '이야기'를 말하는 이와 듣는 이가 같기 때문에, 즉 내가 나 자신에
게 얘기하는 것이므로 말하는 이가 숨기고 있는 사실조차도 듣는 이가
알아차릴 수 있기 때문이다. 이것은 마치 사회적으로는 물론 개인적으
로도 허용할 수 있는 한계를 넘어선 행위, 예컨대 근친상간 따위나 몽
정에 얽힌 꿈을 기억하는 행위와 본질적으로는 같다. 두 번째 단계의

결과물은 말하는 이(나)와 듣는 이(독자)가 다르기 때문에 말하는 이는 첫 번째 단계의 결과물을 그대로가 아니라 걸러서 전달할 수 있다. 물론 그것이 듣는 이에게 어떻게 받아들여지는가는 별개의 문제이지만.

《권력이란 무엇인가》에서 한병철은 "모든 의미는 권력관계에 의하여 구성된다"라고 말한다. 권력으로부터 완전히 독립된 진공 상태에서 정의되는 순수한 의미 그 자체는 존재하지 않는다는 뜻이다. 그럴듯하다. 이를테면 "너는 나의 베스트 프렌드야"라든가 "너만을 사랑해" 같은 지극히 사적인 표현도 그것이 일단 말해지고 나면 권력관계를 형성하며 그에 기초한 의미를 부여받게 된다. 말해지고 나면 생기는 권력인 셈이다. 그런데 권력은 말하는 이 자신에게도 작동한다. 바로 첫 번째 단계에서는 듣는 이가 말하는 이 자신이기 때문이다. 그러므로 듣는 이로서의 자신과 말하는 이로서의 자신 사이에 일종의 권력관계가 형성된다. 즉 자신이 말한 것에 의해 거꾸로 자신의 생각이 규정되는 현상이 나타난다.

소설가가 소설을 쓰는 동시에 그것에 대한 문학평론도 쓰는 상황을 가정해보자. 이 경우 '작가'로서의 소설가와 '독자/비평가'로서의 소설가는 동일한 자연인이므로 엄밀하게 분리될 수 없다. 물론 그에 따른 장점도 있다. 작가의 의도를 제멋대로 해석하는 평론이 나올 가능성은 적어진다. 비단 소설이 아니더라도 얼마나 많은 글이 읽는 이의 자의적인 해석을 통해 왜곡되며, 때로는 과대평가되고, 때로는 폄하되어왔던

가. 그러나 작가와 비평가가 같은 사람이라면 그가 완벽한 무의미함이나 해체를 추구하는 것이 아닌 한, 소설은 비평을 예상할 것이며 반대로 비평은 소설에 맞추어질 것이다. 즉 재현의 재현이 재현 그 자체에 영향을 미치는 효과가 작동하는 셈이다. 사실 이러한 효과는 소설가가 소설만 쓰고 평론은 쓰지 않는 일반적인 상황에서도 작동한다. 누구나 글을 쓰면서 그 글의 논리적 일관성이나 읽힐 때의 효과에 대해서 생각할 것이고 그 생각에 기초하여 아예 머릿속에서 떠오르는 글을 고쳐 쓰거나 아니면 이미 쓴 글을 퇴고할 것이기 때문이다.

이제 최종적인 결과물인 소설(또는 그 무엇)은 첫 번째 단계의 결과물인 '이야기'에 거꾸로 영향을 미치게 된다. 그러므로 앞의 그림처럼 한쪽 방향으로만 화살표를 그릴 수 있는 것이 아니라 반대 방향으로도 그릴 수 있다. 즉 다음 그림과 같이 반대 방향으로의 기억과 실체의 재구성이 이루어진다.

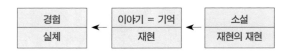

여기에서는 소설이 '재현'이 아니라 이차적 재현, 즉 '재현의 재현'으로서의 역할도 수행하게 된다. 내 경험을 적절하게 가공한 이야기 그 자체가 일차적 재현이기 때문이다. 그 결과 '재현의 재현'이 '재현'에 영향을 미치고, 다시 '재현'은 '실체'에 영향을 미치게 된다. 즉 실체에서 재현으로, 다시 재현에서 재현의 재현으로 향하는 방향의 운동이 있고, 거꾸로 재현의 재현이 재현을 수정하고 그것이 다시 실체를 바꾸는 방향으로의 운동이 있는 것이다. 이 두 가지 방향으로의 운동은 끊임없이 반복되면서 실체와 재현, 그리고 재현의 재현을 만들어나가는 하나의 원을 이룬다. 이러한 원 모양의 운동에서 출발점은 분명히 실체였으나 운동이 반복됨에 따라 시작과 끝은 뒤섞여 구분할 수 없게 된다. 이제 재현의 재현조차도 직접 실체에 영향을 미칠 수 있다.

그런데 재현으로부터 파생되는 재현의 재현은 꼬리를 물고 이어진다. 1부의 텍스트에 대한 2부의 분석은 소설의 형태로 재현된 것을 다시 풀어 설명하는 '재현의 재현'이지만, '이야기'로서의 기억을 '재현'이라 본다면 소설이 '재현의 재현'이고 다시 소설에 대한 분석은 삼중의 재현이기 때문이다. 어느새 이차적 재현과 삼차적 재현을 엄밀하게 구분하는 것은 무의미한 일이 되고 만다.

그러므로 앞의 두 그림을 하나로 합쳐 완성시키면 다음과 같다.

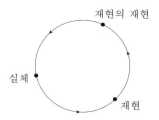

그림처럼 실체와 재현, 또 재현의 재현이 서로 영향을 미치면서 맞물려 돌아가는 구조, 바로 그것이 사람들이 삶의 사건을 경험하고 기억하면서 동시에 새로운 실천의 근거로 삼는 과정이라 할 수 있다. 물론 여기에서 실체와 재현 및 재현의 재현 사이의 경계는 흐릿하게 뭉개진 형태로만 존재할 뿐, 명확하게 드러나지는 않는다. 우리의 의식 밖에 완성되어 있는 독립적이고 객관적인 실체가 존재하고 의식은 그저 그것을 반영하기만 하는 것도 아니며, 우리의 인식을 구성하는 관념의 체계가 오롯이 그 실체를 생산해내는 것도 아니다. 그럼에도 유물론을 말할 수 있다면 그것은 애초의 실체가 '나'와 '너/그들'의 관계 속에서 만들어진다는 것, '나의 재현'과 '너/그들의 재현'이 상호작용하면서 다시 그 실체에 영향을 미친다는 것, 그렇게 영향을 받아 변형된 실체가 다시 새로운 재현 및 재현의 재현의 소재가 된다는 것, 그리고 무엇보다도 이러한 과정 중에 온갖 우연적 계기들과 더불어 '나'와 '너/그들'의 실천이 작동한다는 사실 때문이다. 이때 '나'와 '너/그들'의 실천은 반드시 이성적 인식만이 아니라 감정적 수용에 의해서도 영향을 받는다. 그러나 감정적 수용 역시 '나'와 '너/그들'이 맺는 관계 속에서 형성되므로 나름의 물질적 근거를 갖는다. 물질과 의식, 인식과 존재, 이성과 감성, 이론과 실천 등의 철학적 주제들은 우리의 삶 속에 이렇게 얽혀 들어오는 것이다.

참 고 문 헌

가스통 바슐라르 지음, 김웅권 옮김, 《몽상의 시학》, 동문선, 2007.

김경욱 외, 《소설가로 산다는 것》, 문학사상, 2011.

김영한, 《내 사랑 백석》, 문학동네, 1996.

김인숙, 《미칠 수 있겠니》, 한겨레출판, 2011.

노자 지음, 황병국 옮김, 《도덕경》, 종합출판범우, 2011.

롤랑 바르트 지음, 김희영 옮김, 《사랑의 단상》, 동문선, 2004.

루이 알튀세르 지음, 권은미 옮김, 《미래는 오래 지속된다》, 이매진, 2008.

류동민, 《마르크스가 내게 아프냐고 물었다》, 위즈덤하우스, 2012.

마르셀 프루스트 지음, 김희영 옮김, 《잃어버린 시간을 찾아서》 1~2, 민음사, 2012.

모리스 고들리에 지음, 오창현 옮김, 《증여의 수수께끼》, 문학동네, 2011.

무라카미 하루키 지음, 안자이 미즈마루 그림, 김난주 옮김, 《밸런타인데이의 무말랭이》, 문학동네, 2012.

무라카미 하루키 지음, 양윤옥 옮김, 《1Q84》 1~3, 문학동네, 2009~2010.

미셸 드 몽테뉴 지음, 손우성 옮김, 《몽테뉴 수상록》, 동서문화사, 2007.

미셸 푸코 지음, 김현 옮김,《이것은 파이프가 아니다》, 고려대학교출판부, 2010.

밀란 쿤데라 지음, 권오룡 옮김,《소설의 기술》, 민음사, 2013.

발터 벤야민 지음, 김남시 옮김,《발터 벤야민의 모스크바 일기》, 그린비, 2005.

발터 벤야민 지음, 조형준 옮김,《아케이드 프로젝트》1~2, 새물결, 2008.

송준,《시인 백석》1~3, 흰당나귀, 2012.

슬라보예 지젝 지음, 김서영 옮김,《시차적 관점》, 마티, 2009.

시몬 드 보부아르 지음, 이정순 옮김,《연애편지》1~2, 열림원, 1999.

안토니오 스카르메타 지음, 우석균 옮김,《네루다의 우편배달부》, 민음사, 2004.

알랭 바디우 지음, 조재룡 옮김,《사랑 예찬》, 길, 2010.

알랭 바디우 지음, 현성환 옮김,《사도 바울》, 새물결, 2008.

에릭 호퍼 지음, 이민아 옮김,《맹신자들》, 궁리, 2011.

움베르토 에코 지음, 이세욱 옮김,《프라하의 묘지》1~2, 열린책들, 2013.

이광호,《사랑의 미래》, 문학과지성사, 2011.

이탈로 칼비노 지음, 김운찬 옮김,《우주만화》, 열린책들, 2009.

장 자크 루소 지음, 김붕구 옮김,《고백》, 박영률출판사, 2005.

장 자크 루소 지음, 서익원 옮김,《신엘로이즈》1~2, 한길사, 2008.

장 자크 루소 지음, 주경복·고봉만 옮김,《언어 기원에 관한 시론》, 책세상, 2002.

토마스 세들라체크 지음, 김찬별·노은아 옮김,《선악의 경제학》, 북하이브, 2012.

한병철 지음, 김남시 옮김,《권력이란 무엇인가》, 문학과지성사, 2011.

Fredric Jameson, *Representing Capital: A Reading of Volume One*, Verso, 2011.

재현의
철학

_김인환(문학평론가)

겪은 일을 하나도 빼지 않고 이야기한다면 그것은 끝없이 지루한 이야기가 될 것이다. 우리의 일상생활은 시작도 없고 종결도 없이 반복되기 때문이다. 시작과 끝이 있는 일을 경험하는 것은 좋은 이야깃거리가 된다. 산에 올라갔다가 길을 잃어 고생 끝에 겨우 산을 내려온 사람은 오르고 헤매고 내리고 하는 시작-중간-끝이 갖추어진 이야기를 할 수 있다. 우리가 기억하는 것은 반복되는 일이 아니라 시작과 끝이 있는 예외적인 사건들이다. 첫사랑을 기억하는 것도 만남과 헤어짐이 시작과 끝을 형성하고 있기 때문이고, 성격의 차이건 빈부의 차이건 제삼자의 방해건 그들을 헤어지게 한 원인이 평생토록 상처로 남아 그들의 남은 생애에 영향을 미치고 있기 때문이다.

〈서울, 1988년 여름〉의 주인공에게 그해 여름은 예외적인 사건으로 기억되는 시절이다. 서울 올림픽이 열리던 그해, 그는 스물네 살이었고 서울대학교 대학원 경제학과 석사 과정 2학년 학생이었다. 서울 근교 위성도시의 아파트가 은행으로 넘어가고 쉰을 갓 넘은 아버지가 돌아가셨다. 사귀던 여자가 전화로 결별을 제안했고 그는 헤어질 수밖에 없는 상황과 그 상황을 강제하는 구조를 받아들였다. 구조를 거스를 때 개인이 겪을 것은 좌절밖에 없을 것이라고 생각하고 대부분의 개인은 주어진 구조를 체념하고 받아들인다.

1987년 민주화의 영향으로 사회과학 출판은 전례 없는 전성기를 맞이하고 있었다. 그는 86년에 분신한 이재호와 김세진, 87년에 최루탄에 맞아 죽은 이한열을 기억하고 있었다. 그는 생계를 위하여 중고생 과외와 독일어 번역을 하게 되었다. 파업 중이던 구로공단 어느 공장에 우유와 빵을 사들고 갔다가 사복경찰들에게 구타를 당하고 노학연대 투쟁에 참가하여 폭력을 행사한 혐의로 징역을 살고 나와 사회과학 출판사의 편집장이 된 그의 1년 선배가 번역거리를 주선해주었다. 합정동에 있는 그 출판사에서 그는 선배가 윤 마담이라고 부르는 나이 많은 여직원에게 편집을 배웠다. 그의 독일어 실력은 단어들을 사전에서 찾은 다음, 그것들을 한국어로 문장이 되도록 조립하는 수준이었다. 문장을 만들고 보면 어떤 때는 단어가 남았고 어떤 때는 단어가 모자랐다.

1988년 여름에 그는 서울에서 처음과 중간과 끝이 있는 예외적인 사건을 경험하였다. 그것은 남한에서 처음으로 완역되는 《자본론》 제2권, 제3권의 교정 작업에 참가한 것이었다. 《자본론》 제1권은 1987년에 이미 출간되어 있었다. 학부에서 독문학을 전공하고 대학원 경제학과에 진학한 박 선배와 지하철 2호선 충정로역 근처의 작업실에서 아침 9시에서 저녁 6시까지 원고지를 들여다보는 일을 했다. 교정 작업팀에는 개량한복 비슷한 옷을 입은 남자 한 명과 대학에서 독문학을 전공한 여자 한 명이 더 있었다. 방의 칸막이 저쪽 편에는 미학과를 나오고 아동도서를 기획하는 소설가와 여자 한 사람이 출퇴근을 함께 하고 있었다. 오역은 전자오락 갤러그에서 전진하고 회전하고 후진하며 공격해오는 파리 모양의 외계인처럼 꾸역꾸역 나타났다. 원고에는 잉여가치가 '여분의 가치'라고 번역되어 있었다. 영어본을 거의 기계적으로 옮겨놓은 초벌 번역을 독일어본과 대조하여 고치는 것이 작업실에서 맡은 임무였다. 박 선배는 꼼꼼하게 한 줄 한 줄 대조하였고 잠자리 안경의 여자는 대학입시 수험생 같은 자세로 꼼짝도 않고 원고지를 들여다보았다. 개량한복은 일본어판을 들고 앉아 교정을 보았다. 그도 파리 떼들의 공격을 감당할 수 없게 되자 무기를 디츠 판 동독제에서 오쓰키쇼텐 판 일본제로 바꾸고 말았다. 역사학을 전공하는 박사 과정 학생과 철학과 대학원생이 작업팀에 추가되었다. 그 무렵에 그는 1억 원 가까운 채무가 상속되었다는 통지문을 받았다.

출판사의 편집장이 하루에 한 번 작업실에 들렀는데 후에 성공한 출판인이 된 장발의 그 편집장은 그에게 좋은 인상을 주지 못하였다. 소설가는 그에게 성적 억압이 한국 사회의 문제라고 말했고 그는 그 말에 반대했다. 개량한복은 국회의원을 내지 못한 민중의 당에 대해 이야기

했다. 이왕 성공할 수 없다면 노동자 계급을 대변하는 게 낫다는 주장
이었다. 그는 공산당의 합법화가 민주주의의 완성이 된다는 말로 동의
를 표시했다. 그는 김일성을 인정하는 날이 한국 민주주의가 완성되는
날이라고 말하고 싶었지만 그것이 그 자신의 생각인지 확신할 수 없어
서 그렇게 말하지 않았다. 개량한복은 철학도에게 사람 중심의 주체사
상이 외계 생명체에게도 통할 수 있느냐고 질문했고 철학도는 주체사
상과 외계인의 관계에 대하여 진지하게 설명했다.

　입영통지서를 받고 사장실 소파에 진을 치고 체불임금의 지급을 요
구했으나 작업실을 그만둘 때까지 그는 사장을 만나지 못했다. 화요
일과 금요일에는 압구정동에 가서 중학생 제자의 선생님 노릇을 하였
다. 미국에서 공부하다 방학이 되어 귀국한 친구와 이태원 뒷골목의
작은 술집에서 국산 양주 한 병을 마시고 20만 원짜리 계산서를 받았
다. 웨이터에게 시카고의 체이스 맨해튼 은행 카드가 한국에서 지불수
단이 될 수 있다는 사실을 절망적으로 반복 설명하다 새벽녘에야 겨우
골목을 빠져나올 수 있었다. 작업실에 들어가 《자본론》을 베고 누워 그
녀와 키스하는 꿈을 꾸고 일어나 동네 목욕탕을 찾았다. 탈의실 평상에
앉아 담배를 피우다 대충 비벼 끈 꽁초를 휴지통에 던져 넣고 욕탕에는
들어가지도 않고 나오는데 때 미는 남자가 불이 붙은 휴지통에 물을 부
으면서 그를 향해 육두문자를 내뱉었다. 박 선배의 노력 덕에 원래 받
기로 한 만큼은 아니었으나 제법 큰 금액의 돈이 입영 직전 그에게 전

달되었다.

4주 동안의 훈련을 마치고 그는 후암동에 있는 국방부 산하 조달본부의 행정병으로 근무했다. 토요일이면 20년째 군속 잡역부로 일하는 최씨와 난지도에 가서 한 주일 동안 수거한 쓰레기를 버렸다. 난지도에 들끓는 파리 떼가 작업실의 파리 떼를 생각나게 했다. 조달본부로 걸어 들어가면서 그는 늘 그녀에게 소소한 일상을 이야기하곤 하였다. 그것은 이미 존재하지 않는 그 무엇에 대한 그리움이었다. 출퇴근할 때 그는 《마르크스와 민족문제》라는 일본어책을 들고 다녔다. 그때의 느낌은 담뱃갑에 마리화나를 넣고 다니는 사람들이 느끼는 아슬아슬함과 비슷했다. 그에게 방위병과 지식인의 거리는 충정로 교정원과 압구정동 과외 선생의 거리와 같았다.

여섯 달 동안의 방위병 복무를 마치고 1989년 학교로 돌아가 《자본론》의 한 장을 해석하는 논문을 쓰고 석사 학위를 받았다. 바로 그해에 《자본론》 제2권이 나왔고 다음 해에 제3권이 나와 남한에서 처음으로 《자본론》이 완간되었다(북한에서는 1966년에 《자본론》이 완간되었다). 이제 《자본론》을 읽었다는 것만으로 누릴 수 있었던 권위는 사라지게 되었다. 이 책의 제1부는 이렇게 끝난다. "이제 비로소 우리는 《자본론》을 객관적인 풍경으로 바라볼 수 있게 된 것일까?" 그해 여름으로부터 10년 후에 그는 마르크스 경제학을 가르치는 지방 국립대학 교수가 되었고, 합정동 출판사는 직원들에 의하여 악덕 자본의 좌익상업주의로 매도되어 해체되었다.

저자는 일상생활의 물질적 기초를 해명하는 방법을 언어학과 인류학에서 찾는다. 그는 언어의 한계가 생각의 한계라는 비트겐슈타인의 명제에 동의한다. 우리는 어떤 일을 겪고 겪은 것을 말한다. 삶의 사건은 언어로 재현된다. 사건과 언어는 일치할 때보다 불일치할 때가 더 많다. 나타냄은 있음을 제대로 드러내지 못하는 경우가 많은 것이다. 상징과 은유는 기표의 부족을 처리하는 방법이다. 상징은 하나의 기표에 둘 이상의 기의가 겹쳐지는 응축이고 은유는 정확하지 않으나 가장 비슷한 기표를 선택하는 체념이다. 재현은 욕망이 편집한 이야기이다. 그러므로 어떻게 편집되는가를 따져보아야 한다. 무사무욕無私無慾은 신기루이다. 자신을 과시하고자 하고 칭송과 영예를 받고자 하고 물질적 이익을 얻고자 하는 욕망 때문에 재현은 현실의 불완전한 묘사가 될 수밖에 없다. 재현의 한계를 인식할 때에만 우리는 현실에 대하여 일관된 태도를 유지할 수 있다.

총체성을 주장하는 폭력적 재현은 억압적 권력의 내재적 계기가 될 가능성을 가지고 있다. 우리가 지향해야 할 새로운 사회의 인간 유형은 마땅히 이러이러해야 한다고 규정하는 순간 그 규정에 맞지 않는 인간은 교정되어야 할 관리 대상으로 전락한다. 내 이야기 속에서 남은 수동적 역할밖에 할 수 없다. 그러므로 내가 이야기할 때 나는 내가 말하고 있는 것과 함께 내 이야기에 말해지지 않은 것에도 주의를 기울여야 한다. 말할 권리는 들려질 권리를 의미한다. 그러므로 남의 말할 권리는 나에게 들려질 권리가 될 것이다. 프로이트는 비록 꿈 이야기에 거짓말이 들어 있다고 하더라도 무의식이 꿈의 질료를 편집하는 과정을 분석하면 꿈을 이야기하는 사람의 진실을 이해할 수 있다고 말하였다. 수학적 모형을 설정하여 인과관계를 분석하는 연구의 경우에도 경제학 이야기의 구성에 개입되는 선별과 왜곡의 과정을 통한 연구자의 편향에 대하여 이해해야 모형의 본질을 분명하게 파악할 수 있게 된다. 사회 시스템으로부터 이익을 얻는 이와 그렇지 못한 이 사이에 현존하는 적대관계들에 직면하여 경제학은 어느 한쪽 편을 들 수밖에 없을 것이기 때문이다.

저자는 책의 제2부에서 그의 이야기가 편집되는 과정을 스스로 보여준다. 그는 자신의 이야기에 대하여 이야기하는 재현의 철학자가 된다. 재현은 말하고 싶은 것과 말하고 싶지 않은 것, 믿고 싶은 것과 믿고 싶지 않은 것의 투쟁 가운데서 태어난다.

우선 저자는 이야기에 개입되는 크고 작은 허구들을 보여준다. 그가 헤어지기로 결심하고 헤어진 뒤에도 끊임없이 그리워하는 여자는 가공의 인물이다. 그녀는 구체화되지 않은 채 그의 머릿속에서만 등장하는 익명의 존재로서 끊임없이 다가가려 하나 다가갈 수 없는 최초의 실체에 대한 그리움을 대표한다. 그녀는 안락, 평판, 일자리, 정치적 욕망 등의 메타포가 되기도 하고 어떤 상황을 강제하는 구조의 메타포가 되기도 한다. 지어낸 것은 아니지만 시간과 공간을 바꾸는 것도 허구라고 할 수 있다. 성적 억압 이야기는 1994년경의 마광수 사건을 1988년으로 바꾼 것이고, 민중의 당 이야기는 2000년경에 김수영의 시에서 얻은 생각을 1988년에 생각한 것으로 바꾼 것이다. 1988년의 그와 2000년의 그, 그리고 2000년의 그에 의하여 수정된 1988년의 그와 1988년의 수정된 그에 의하여 수정된 2000년의 그는 서로 다르게 생각하는 사람들이다.

이야기에는 행동이나 경험을 멋지게 포장하여 합리화하려는 욕망과 반대로 행동이나 경험을 감추거나 속이려는 욕망이 개입하기도 한다. 장발의 편집장에 대한 부정적 묘사는 현재의 관점에서 편집된 과거의 기억이다. 사회과학과는 무관한 분야의 전도유망한 출판인이 되었다는 사실이, 임금이 체불되었을 때 느낀 불만을 강화한 결과가 부정적 이미지로 나타나게 되었을 것이다. 편집장의 입장이라면 말하고 싶은 이야기가 따로 있을 것임에 틀림없다. 합정동 출판사의 또 다른 편집장의 경우에는 부정적인 이미지가 보이지 않는다. 번역료가 제대로 지급되었다는 점과 독일어 번역이 중고생 과외보다 대학원생의 자존심을 세우는 데 도움이 되었다는 점이 긍정적 묘사에 영향을 미쳤을 것이다. 출판사 여직원 윤 마담의 웃음소리가 맑고 밝게 기억되는 것도 같은 이유에서라고 할 수 있다. 열악한 작업 환경과 형편없는 원고 상태도 충정로 출판사의 편집장에 대한 부정적 인상에 일정하게 작용했을 것이다. 그에게 아름다운 세계로 기억되는 합정동 출판사가 그 회사의 직원들에게 악덕 자본의 좌익 상업주의로 기억될 수 있다는 것도 기억 투쟁의 다층성을 보여준다. 부모나 친척의 이야기를 반복하여 들으면서 아이는 그들의 이야기를 자신의 기억으로 구성한다. 그들이 아이에게 우호적인 사람들이기 때문에 그 기억은 아이의 머릿속에 좋은 의미로 보존된다. 우리는 자신의 기억에 남아 있는 몇 가지 조각들을 사후적으로 주어진 논리에 꿰어 맞추려 하기 마련이다.

시간이 지나면 어떤 기억은 강화되고 어떤 기억은 망각된다. 그는 당시 많은 대화를 나눈 개량한복의 이름을 망각했다. 이재호와 김세진이 분신한 1986년 4월 28일에 '독산문강독'을 들었다는 것은 어느 쪽에도 속하지 않은 상태로나마 그때 그곳에서 사건을 직시하고 있었다는 것을 두 기억의 연결을 통하여 말하는 일종의 현장존재증명이다. 이태원 술집에서 바가지를 쓰고 목욕탕 때밀이에게 욕을 먹은 기억을 연결하는 것은 돈 때문이 아니라 모멸당한 자의식 때문에 작업실을 떠날 수밖에 없었다고 말하려는 일종의 기억 오려붙이기이다. 교정 작업을 맡은 이유는 귀를 의심할 정도로 많은 보수와 《자본론》이라는 듣기만 해도 설레던 이름 때문이었다. 이름이 나가지 않으므로 불법에 대해서도 오역에 대해서도 책임이 면제되어, 위험한 일을 하지만 감당할 수 있는 범위 안에서 안전하게 할 수 있다는 것은 일종의 현장부재증명이다.

편집 과정을 잘 들여다보면 재현의 물질적 근거가 보인다. 재현의 철학은 재현의 물질적 근거를 인식한다는 점에서 유물론이다. 물질적 근거를 보지 못하는 관념론은 독단적이고 직접적일 수밖에 없다. 관념론은 복잡한 것을 가장 단순한 여러 요소들로 환원한다. 관념론은 삶을 헝클어버리는 사건들의 트라우마로부터 도피하여 먹고사는 일상에 충실하게 하고 그 어떤 사건에도 헌신하지 못하게 한다. 반민주적 국수주의와 정치적·문화적 파시즘의 배후에는 총체화되고 획일화된 재현이 작용하고 있다. 유물론은 비판과 매개를 특징으로 한다. 그러나 매개의 발생은 그 무엇에 의해서도 미리 증명될 수 없다. 갈등의 내부에서 구체적으로 작용하는 매개는 실천의 특수한 경우로 나타난다. 매개를 통하여 유물론은 개념적 형식주의를 해체한다. 지금 여기서 일어나는 특수한 사건들은 모두 우발적 사건들이므로 유물론의 매개된 상호성은 추상적 보편이 아니라 개별성을 보존하는 구체적 보편을 지향한다.

　비루하고 누추한 이 현실의 누더기 속에서 한 세대의 젊은 사람들이 《자본론》을 금기로부터 해방시켰고 《자본론》을 읽을 수 있게 함으로써 《자본론》을 비신화화하였다. 시간, 수단, 지식의 희소성 때문에 우리는 언제나 깊은 무지 속에서 헤맨다. 사태는 저절로 결정될 수도 있을 것이나 우리는 미래를 모르기 때문에 지금 여기서 결정할 수밖에 없다. 우리는 불충분함, 불완전함, 실수들 속에서 현실을 이해하므로 우리의 결정은 가능한 최선의 해결과 닮아 있지 않다. 모순의 극복 방안을 선험적으로 아는 길은 없다. 그러나 비루하고 누추한 시도들에 공동개인,

공동행동, 공동실천, 공동목표가 잠재되어 있다. 뉴라이트, 식민지근대화론, 신자유주의, 종교적 광신 등으로 흩어져 나갔지만《자본론》을 번역한 세대는 그들의 시대를 공시적으로 전체화하는 에피스테메를 공유한다. 수천 조각의 레고들을 수백 개로 모으고 다시 수십 개로 모아보면 구멍투성이의 논리적 궁지에도 불구하고 그 무엇인가 설명할 수 없는 진정성이 그 안에서 희미하게 떠오른다. 저자는 저자를 포함한 그들 세대가 할 일이 물질적 근거에서 너무 멀리 떠나지 않으면서 비판적이고 매개적인 사유를 완강하게 보존하는 재현의 철학에 있다고 확신하는 듯하다.

세상 모든 일이 그러하듯이 이 책도 몇 가지 우연적 계기들이 겹치면서 비롯되었다. 실은 다 쓰는 순간까지 나 스스로도 어떤 형식의 글이 될 것인지조차 가늠하기 어려웠다. 그동안 몇 권의 책을 씀으로써 소중한 숲을 파괴하는 데 일조한 바 있으나, 출판에 대한 어떤 기약도 없이 오롯이 쓰고 싶다는 욕구만으로 시작하여 한 권의 책을 끝맺은 것은 이번이 처음임을 고백한다. 내 잠재의식 속에 감춰진 말하고 싶지만 말할 수 없는 것들의 돌파구를 찾으려는 욕망 때문이었는지도 모르겠다. 그러니 어쩌면 '썼다'라기보다는 '써졌다'라는 표현이 더 잘 어울릴 듯하다.

그래도 쓸모없는 책을 또 한 권 만들어낸 건 아닐까라는 자괴감은 떨치기 힘들다. 한때는 내가 쓰는 글이 비록 세상을 바꿀 수는 없을지라도 몇 명의 독자들은 바꿀 수 있으리라는 어림없는 환상을 가진 적도 있었다. 이제는 비록 '써지는' 동안만이라도 나 자신은 약간이나마 구원받는 느낌을 맛볼 수 있었다는 사실로 만족하려 한다. 물론 그 느낌은 독자들에게 약간의 생각거리나마 줄 수 있게 될 때 비로소 진정한 구원으로 전환될 것이다.

무엇보다도 살아오면서 스쳤던, 내게 영감을 주었던 이들에게 감사한다. 이 책은 한때는 같은 시공간에 존재했으나 이제는 다른 시공간으로 돌아가버린 그들과 텍스트를 통해서라도 다시 만나고 싶은 바람의 결과물이기도 하기 때문이다.

겨우 원고지 30매 정도의 분량을 썼을 때부터 초고를 읽고 격려해준 한국교원대의 박도영 교수가 아니었더라면 제 풀에 지쳐 끝까지 쓰지 못했을 것이다. 카이스트의 조애리 교수님은 참고할 만한 문학작품과 문학 이론에 관해 알려주셨을 뿐만 아니라 글의 세부적인 내용이나 인용구 등에 대해서까지 조언을 아끼지 않으셨다. 충남대 손병우 교수님도 글의 내적 논리와 관련하여 매우 중요한 지적을 해주셨다. 한겨레출판의 임윤희 씨는 무리한 출판 요구에 응해주고 솜씨 좋게 책을 만들어주었다. 이 모든 분들의 도움에도 아직 남아 있는 오류는 당연히 내 책임이다.

평소 쓰는 글의 주제에 상관없이 하고 싶은 얘기를 슬쩍슬쩍 끼워 넣는, 예를 들면 경제평론에 사랑에 관한 단상을 삽입하는 식의 버릇 때문에, 이미 발표한 신문 칼럼 등에서 인용 표시 없이 문장을 가져온 부분들도 여럿 있다. 원고는 집 근처에 있는 서너 군데의 카페를 차례로 돌아다니며 썼다. 부디 '오늘의 커피' 한잔에 몇 시간씩 자리를 차지하고 앉았던 몰염치를 용서받을 수 있기를!

2013년 봄
류동민

기억의 몽타주

© 류동민 2013

초판 1쇄 인쇄 2013년 6월 17일
초판 1쇄 발행 2013년 6월 21일

지은이 류동민
펴낸이 이기섭
편집인 김수영
책임편집 임윤희
기획편집 김윤정 정회엽 이지은 김준섭
마케팅 조재성 성기준 정윤성 한성진 정영은
관리 김미란 장혜정

펴낸곳 한겨레출판(주) www.hanibook.co.kr
등록 2006년 1월 4일 제313-2006-00003호
주소 121-750 서울시 마포구 공덕동 116-25 한겨레신문 4층
전화 02) 6383-1602~1603 **팩스** 02) 6383-1610
대표메일 book@hanibook.co.kr

ISBN 978-89-8431-708-6   03100